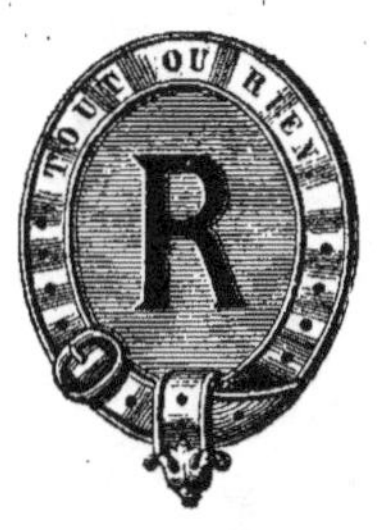

VENTE APRÈS DÉCÈS

DE

MLLE RACHEL

SUCCESSION DE MLLE RACHEL.

CATALOGUE

DES

OBJETS MOBILIERS

DÉPENDANT DE LA SUCCESSION

DE

MLLE RACHEL,

Tels que : Linge, Garde-Robe, Guipures et Dentelles à l'usage personnel, Vins fins, Porcelaines, Objets d'Art et de Curiosité, Bronzes et Objets divers, Argenterie, Bijoux, Diamants, Bijoux et Costumes de Théâtre, Bibliothèque, Meubles, etc.,

DONT LA VENTE AUX ENCHÈRES PUBLIQUES

AURA LIEU A PARIS

Du 12 au 29 Avril 1858, à midi

PLACE ROYALE, N° 9,

Par le ministère de Me **HAYAUX DU TILLY**, Commissaire-Priseur,
Demeurant à Paris, rue du Bac, 26, et rue de l'Université, 46.

Le Catalogue et les Cartes d'entrée pour l'exposition réservée se distribuent à Paris, chez :

1° Me HAYAUX DU TILLY, Commissaire-Priseur, rue du Bac, 26.
2° Me LE MONNYER, Notaire, rue de Grammont, 16;
3° Me DELAPORTE, Notaire, rue de la Chaussée-d'Antin, 68.

EXPOSITION RÉSERVÉE, les 9 et 10 Avril 1858 } DE MIDI
— PUBLIQUE, le 11 Avril 1858. } A CINQ HEURES.

1858

ORDRE DES VACATIONS

AVRIL 1858.

Vendredi	9.	Exposition générale, avec cartes.
Samedi	10.	id. id. id.
Dimanche	11.	Exposition générale publique.
Lundi	12.	Vente du Linge, de la Garde-robe, des Guipures et Dentelles à l'usage personnel de Mlle RACHEL.
Mardi	13.	id. id. id. id. id.
Mercredi	14.	id. id. id. id. id.
Jeudi	15.	Exposition spéciale des Porcelaines, Objets d'art et de curiosité, Bronzes, Objets divers et Cave.
Vendredi	16.	Vente id. id. id. id.
Samedi	17.	Vente id. id. id. id.
Dimanche	18.	Exposition spéciale de l'Argenterie, des Bijoux et Diamants
Lundi	19.	Vente id. id. id. id.
Mardi	20.	Vente id. id. id. id.
Mercredi	21.	Vente id. id. id. id.
Jeudi	22.	Exposition spéciale des Bijoux et Costumes de théâtre.
Vendredi	23.	Vente id. id. id. id.
Samedi	24.	Vente id. id. id. id.
Dimanche	25.	Exposition spéciale de la Bibliothèque.
Lundi	26.	Vente id. id.
Mardi	27.	Vente id. id.
Mercredi	28.	Vente du Mobilier.
Jeudi	29.	Vente id.

SUCCESSION DE Mlle RACHEL.

CATALOGUE

DU LINGE, DE LA GARDE-ROBE, DES GUIPURES ET DENTELLES

A L'USAGE PERSONNEL DE

Mlle RACHEL,

DONT LA VENTE AUX ENCHÈRES PUBLIQUES

AURA LIEU A PARIS

PLACE ROYALE, N° 9

Les Lundi 12, Mardi 13 et Mercredi 14 Avril 1858 à midi.

Par le ministère de Me **HAYAUX DU TILLY**, Commissaire-Priseur
Demeurant à Paris, rue du Bac, 26, et rue de l'Université, 46,
près des Tuileries.

LE CATALOGUE SE TROUVE, A PARIS, CHEZ :

Me **HAYAUX DU TILLY**, Commissaire-Priseur, 26, rue du Bac.

M[e] **LE MONNYER**, Notaire, rue de Grammont, 16.

Me **DELAPORTE**, Notaire, rue de la Chaussée-d'Antin, 68.

CONDITIONS DE LA VENTE

La vente se fera expressément au comptant.

Les acquéreurs paieront cinq pour cent en sus des adjudications

SUCCESSION DE MLLE RACHEL

Linge, Garde-Robe, Guipures et Dentelles à l'usage personnel; Linge de table et de ménage.

LINGE.

1 — 1 Mouchoirs de toile.
2 — 2 Mouchoirs de batiste simples, brodés avec initiales.
3 — 3 Mouchoirs de batiste simples, garnis de valenciennes.
4 — 4 Mouchoirs de batiste riches, unis ou brodés, garnis de hautes valenciennes.
5 — 5 Mouchoirs en fil d'aloës garnis de haute valenciennes, avec écusson aux emblèmes de la Tragédie.
6 — 6 Mouchoirs turcs en batiste, brodés en soie de couleur.
7 — 7 Mouchoirs en fil d'aloës, garnis de dentelle d'aloës.
8 — 8 Chemises de percale brodées.
9 — 9 Chemises de nansouck garnies de dentelle.
10 — 10 Chemises de toile garnies de dentelle.
11 — 11 Chemises de toile brodées et garnies de dentelle.
12 — 12 Chemises de batiste garnies de dentelle.
13 — 13 Chemises bouillonnées.
14 — 14 Chemises de toile brodées et garnies de valenciennes.
15 — 15 Chemises de nuit en nansouck garnies de dentelle.
16 — 16 Chemises de nuit en toile, brodées.
17 — 17 Peignoirs brodés et garnis de dentelle.
18 — 18 Camisoles brodées.
19 — 19 Jupons unis.

20 — 20 Jupons brodés.
21 — 21 Jupons garnis de dentelle.
22 — 22 Pantalons brodés.
23 — 23 Bas de coton.
24 — 24 Bas anglais.
25 — 25 Bas de fil d'Écosse.
26 — 26 Bas de soie.
27 — 27 Flanelles.

NOTA. — Les objets ci-dessus et un grand nombre de ceux qui suivent pourront être vendus divisément.

GARDE-ROBE.

28 — 28 Robe de soie mauve, unie.
29 — 29 Robe de soie mauve, garnie de blonde.
30 — 30 Robe de foulard.
31 — 31 Robe de popeline de soie, à fleurs.
32 — 32 Robe de soie en moire antique blanche, brochée à fleurs.
33 — 33 Robe de soie rose en gros de Naples.
34 — 34 Robe de soie brochée à fleurs.
35 — 35 Robe de satin noir à bandes.
36 — 36 Robe de chambre en soie de Chine brodée.
37 — 37 Robe en drap de soie noire, garnie de velours.
38 — 38 Robe de soie noire, garnie de jais.
39 — 39 Cinq robes de dessous en soie.
40 — 40 Robe en pièce, en popeline de soie.
41 — 41 Robe de velours noir uni.
42 — 42 Robe en velours grenat, garnie de dentelle noire.
43 — 43 Robe de velours bleu, garnie de dentelle noire.
44 — 44 Robe en mousseline blanche, brodée.
45 — 45 Robe et son pardessus en mousseline.
46 — 46 Robe de soie violette à larges bandes de velours.
47 — 47 Robe de chambre en crêpe de Chine imprimé.
48 — 48 Robe de chambre en taffetas blanc piqué.

49 — 49 Toilette complète, comprenant : corsage, jupe, manteau et manches en soie, velours et peluche.

50 — 50 Robe en drap de soie noire.

51 — 51 Robe bleue en soie.

52 — 52 Trois robes blanches en soie.

Ces quatre dernières robes ont été portées dans *Adrienne Lecouvreur*.

53 — 53 Deux toilettes complètes en mousseline unie et en mousseline de l'Inde.

Ces deux toilettes ont été portées dans *Mademoiselle de Belle-Isle*.

54 — 54 Camail en satin et velours.

55 — 55 Trois corsages de velours noir.

56 — 56 Manteau en drap de soie noire.

57 — 57 Manteau de soie garni de dentelle noire.

58 — 58 Manteau de velours, riche, garni de jais et de guipure.

59 — 59 Manchon en martre zibeline ; manteau de velours garni en martre zibeline.

60 — 60 Ombrelle de dentelle noire, avec manche en corail,

61 — 61 Burnous algérien.

62 — 62 Echarpe cachemire de l'Inde brodée or.

63 — 63 Châle cachemire de l'Inde long, fond blanc.

64 — 64 Crêpe de Chine cerise brodé.

65 — 65 Écharpes orientales.

66 — 66 Costumes égyptiens et chinois.

67 — 67 Coiffures.

68 — 68 Chaussures.

69 — 69 Cent paires de gants neufs.

70 — 70 Coupons d'étoffes diverses.

GUIPURES.

71 — 71 1 mètre 45 sur 0,80, bande.

72 — 72 1 — 45 sur 0,80, bande.

73 — 73 1 mètre 55 sur 0,90, bande.
74 — 74 1 — 60 sur 0,80, devant d'autel.
75 — 75 2 — 20 sur 0,63, bande.
76 — 76 1 — 80 sur 0,45, bande.
77 — 77 2 — 85 sur 0,50, couronnes et fleurs de lis.
78 — 78 2 — 15 sur 0,53, paysage,
79 — 79 4 — 42 sur 0,35, bande.
80 — 80 4 — 50 sur 0,35, bande.
81 — 81 1 — » sur 0,85, dessus d'oreiller,
82 — 82 3 — 25 sur 0,36, bande.
83 — 83 2 — 80 sur 0,35, bande.
84 — 84 3 — 25 sur 0,50, bande.
85 — 85 1 — 40 sur 1,10 dessus d'édredon.
86 — 86 Quinze morceaux de guipure et broderies pour bras de fauteuils, housses, etc.
87 — 87 Deux bandes, devant de robe, de 1 mètre 10 chacune.
88 — 88 Bas de robe en broderie, 2 mètres 45 sur 0,35.
89 — 89 1 mètre 60 sur 0,45, pèlerine.
90 — 90 3 — » sur 0,60, écharpe.

DENTELLES BLANCHES.

91 — 91 1 — 55 sur 0,07, Malines en deux coupes.
92 — 92 2 — 25 sur 0,04, Valenciennes.
93 — 93 1 — 30 sur 0,06 1/2, Valenciennes.
94 — 94 1 — 40 sur 0,05, Alençon, bande.
95 — 95 » — 85 sur 0,10, Alençon, barbes
96 — 96 3 — 75 sur 0,10, Alençon, deux morceaux.
97 — 97 5 — 80 sur 0,10, Alençon, trois morceaux.
98 — 98 Col en Alençon.
99 — 99 5 — 20 sur 0,08, fichu garni en Alençon.
100 — 100 » — 84 sur 0,09, application de Bruxelles, deux barbes.

101 — 101 1 mètre 10 , application de Bruxelles, coiffure.
102 — 102 3 — 85 sur 0,20 idem volant.
103 — 103 3 — 82 sur 0,20 idem volant.
104 — 104 3 — 95 sur 0,20 . idem volant.
105 — 105 Casaque, application de Bruxelles.
106 — 106 2 mètres 70 sur 0,70, applic. de Bruxelles, écharpe.
107 — 107 1 — 20 sur 0,10, point de Bruxelles, deux barbes.
108 — 108 Manches en application d'Angleterre.
109 — 109 1 mètre 20 sur 0,07, application d'Angleterre.
110 — 110 1 — 10 sur 0,07, idem.
111 — 111 1 — 50 sur 0,07, idem.
112 — 112 1 — 30 idem berthe.
113 — 113 2 — » idem fichu.
114 — 114 1 — 16 idem fichu.
115 — 115 7 — 40 sur 0,40, idem deux volants.
116 — 116 1 — 20 sur 0,57, idem voilette.
117 — 117 3 — 20 sur 0,60 idem volant.
118 — 118 4 — 80 sur 0,60 idem volant.
119 — 119 Châle pointe. idem.
120 — 120 3 mètres 15 sur 0,06, point d'Angleterre, bande.

DENTELLES NOIRES.

121 — 121 Deux paires de manches en dentelle noire de Chantilly.
122 — 122 Voilette en Chantilly.
123 — 123 Casaque en Chantilly.
124 — 124 Écharpe en Chantilly.
125 — 125 Châle pointe en Chantilly.
126 — 126 Châle carré en Chantilly.

DENTELLES D'ARGENT DORÉ.

127 — 127 1 mètre 50 sur 0,10, dentelle d'argent doré.
128 — 128 1 — 80 sur 0,11 idem.
129 — 129 1 — » idem barbe.

LINGERIE.

130 — 130 Quantité de cols, manches, fichus, pélerines, etc., la plupart garnis de Valenciennes et d'application de Bruxelles et d'Angleterre.

LINGE DE TABLE ET DE MÉNAGE.

131 — 131 Serviettes de table en fil damassé pour 18 et 24 couverts.

132 — 132 Nappes et serviettes en fil damassé.

133 — 133 Serviettes à thé en fil damassé.

134 — 134 Serviettes à thé en batiste.

135 — 135 Serviettes de toile à liteaux.

136 — 136 Serviettes de toilette anglaises.

137 — 137 Linge d'office.

138 — 138 Tabliers.

139 — 139 Torchons.

140 — 140 Draps de lit en toile.

141 — 141 Taies d'oreillers unies et brodées.

142 — 142 Rideaux de croisée et de vitrage, en mousseline brodée.

SUCCESSION DE MLLE RACHEL.

CATALOGUE

DES

PORCELAINES, OBJETS D'ART & DE CURIOSITÉ, BRONZES & OBJETS DIVERS

DÉPENDANT DE LA SUCCESSION

DE

MLLE RACHEL,

DONT LA VENTE AUX ENCHÈRES PUBLIQUES

AURA LIEU A PARIS

PLACE ROYALE, N° 9,

Les Vendredi 16 et Samedi 17 Avril 1858, à midi,

Par le ministère de Me **HAYAUX DU TILLY**, Commissaire-Priseur, demeurant à Paris, rue du Bac, 26, et rue de l'Université, 46.

EXPOSITION PUBLIQUE SPÉCIALE

Le Jeudi 15 Avril 1858, de midi à cinq heures.

LE CATALOGUE SE TROUVE, A PARIS, CHEZ :

Me **HAYAUX DU TILLY**, Commissaire-Priseur, rue du Bac, 26.
Me **LE MONNYER**, Notaire, rue de Grammont, 16.
Me **DELAPORTE**, Notaire, rue de la Chaussée-d'Antin, 68.

CONDITIONS DE LA VENTE

La vente sera faite expressément au comptant.

Les acquéreurs paieront cinq pour cent en sus des adjudications.

SUCCESSION DE Mlle RACHEL

PORCELAINES

143 — 1 Coupe carrée en porcelaine de Sèvres à fleurs, montée en bronze.

144 — 2 Coupe ronde, porcelaine de Sèvres, à fond rose et oiseaux, monture en bronze à tête de béliers.

145 — 3 Petit vase en porcelaine de Sèvres, à médaillons, monté en bronze.

146 — 4 Deux petits vases en porcelaine de Sèvres, oiseaux en médaillons.

147 — 5 Plateau ovale à médaillons.

148 — 6 Tasse et sa soucoupe.

149 — 7 Boîte ronde en porcelaine de Saxe, avec peintures très-fines.

150 — 8 Bouquet de fleurs (Saxe).

151 — 9 Deux petites statuettes (Saxe), l'Amour cuisinier et son pendant.

152 — 10 Deux petites statuettes (Saxe), les Musiciens.

153 — 11 Deux statuettes (Saxe), les Vendangeurs.

154 — 12 Tête de jeune fille (Saxe). Hauteur 23 c.

155 — 13 Groupe de trois personnages (Saxe). Hauteur 24 c.

156 — 14 Groupe (Saxe), Satyres et Bacchante. Hauteur 24 c.

157 — 15 Groupe (Saxe), Satyre couronnant une Nymphe. Hauteur 31 c.

158 — 16 Chien des Antilles.

159 — 17 Groupe.

160 — 18 Tasse à déjeuner et sa soucoupe (au Dauphin couronné).

(Cette tasse a été offerte et a appartenu à Mlle Clairon.)

161 — 19 Six cuillers à café en porcelaine.

162 — 20 Six tasses à café orientales.

163 — 21 Dix-huit tasses à café.

164 — 22 Pot à lait.

165 — 23 Douze soucoupes au chiffre du roi Louis-Philippe. (Sèvres.)

166 — 24 Cabaret en porcelaine de Saxe.

167 — 25 Service de table en porcelaine anglaise.

168 — 26 Service à café en porcelaine de Sèvres, avec les portraits historiques de l'Albane, Jules Romain, Annibal Carrache, Michel-Ange, Rembrandt, Titien, Mazzuoli, Guido Reni, Domenico Zampieri, Agostino Carracci, Ludovico Carracci, Jacopo Robusti, Raphael, Salvator Rosa, Francesco Barbieri, Léonard de Vinci.

169 — 27 Service de table en cristal.

170 — 28 Cristaux de Bohême, gravés.

OBJETS D'ART ET DE CURIOSITÉ, BRONZES ET OBJETS DIVERS.

171 — 29 Jeu de dés russe.

172 — 30 Tapis brodé en perles.

173 — 31 Porte-plumes en acier.

174 — 32 Lampe en lave, de forme antique.

175 — 33 Statuette, soldat russe.

176 — 34 Presse-papier avec fruits.

177 — 35 Boîte russe, fond bleu, avec peintures.

178 — 36 Miroir indien avec peintures.

179 — 37 Boîte ovale à médaillons, en porcelaine.

180 — 38 Statuette en cristal de roche, sur socle en argent doré, garni de turquoises.

181 — 39 Statuette en bronze sur socle en pierre dure.
182 — 40 Verre de Bohême avec armoiries.
183 — 41 Sablier de bureau en cuivre argenté et doré.
184 — 42 Éventail ancien, scène champêtre.
185 — 43 Eventail, monture ancienne.
186 — 44 Éventail garni de pierreries.
187 — 45 Portrait de Mlle Clairon. Plâtre.
188 — 46 Le dessus et le dessous. Plâtre.
189 — 47 Deux intailles.
190 — 48 Deux flambeaux en malachite.
191 — 49 Cachet en malachite soutenu par un portefaix russe, en argent.
192 — 50 Cachet en malachite monté or.
193 — 51 Presse-papier en malachite : la Moissonneuse.
194 — 52 Presse-papier en malachite, garni en argent doré et gravé.
195 — 53 Couteau à papier en malachite et argent doré.
196 — 54 Plume en malachite, or et argent doré.
197 — 55 Porte-crayon en malachite, monté or.
198 — 56 Coffret en malachite.
199 — 57 Très-beau coffre en malachite et bronze doré.

(Offert par S. M. l'impératrice de Russie. Saint-Petersbourg, 1854.)

200 — 58 Nécessaire à odeurs, en nacre et à médaillon, garni en or.
201 — 59 Garniture de console : trois pièces en argent émaillé et lapis.
202 — 60 Médaillon en argent, à sujets en relief, enfermé dans un écrin de velours avec chiffre.
203 — 61 Cachet en argent : le Postillon.
204 — 62 Pharmacie en argent doré, avec treize flacons.
205 — 63 Lingot d'argent.
206 — 64 Chapelet en cornaline et argent doré.
207 — 65 Deux socles en argent doré, garnis de turquoises et cornalines.

208 — 66 Tasse en argent.

209 — 67 Brûle-parfums en filigrane d'argent.

210 — 68 Corbeille en filigrane d'argent, avec fruits en médaillon sur porcelaine.

211 — 69 Brûle-parfums en argent doré et émail.

212 — 70 Couteau à papier : manche garni or, lame argent doré.

213 — 71 Couteau à papier russe : le Charpentier ; argent doré.

214 — 72 Cachet argent : le Nid d'oiseaux.

215 — 73 Cachet argent : Gros-René et Marinette du *Dépit amoureux*.

216 — 74 Deux peintures russes, le Christ et la Vierge ; cadres argent doré (écrin).

217 — 75 Deux portraits, Corneille et Racine, remarquables miniatures par Petitot ; cadres en porcelaine.

218 — 76 Trictrac en laque de Chine.

219 — 77 Deux semainiers en laque de Chine.

220 — 78 Corbeille à papier, forme de boîte, en laque de Chine.

221 — 79 Trois cadres avec gravures, cartes de visite, dessins et autographes.

222 — 80 Cabaret en cristal.

223 — 81 Une garniture de cheminée de trois pièces, en porcelaine du Japon.

224 — 82 Garniture de foyer en bronze doré.

225 — 83 Garniture de foyer : Aigles, grand modèle.

226 — 84 Garniture de foyer en bronze doré : les Amours.

227 — 85 Deux vases en porcelaine, bleu grand feu, garnis en bronze doré.

228 — 86 Deux vases en porcelaine de Tournai, avec peintures sur la frise représentant les fêtes de Pan et de Pomone.

229 — 87 Sabre oriental, avec fourreau richement garni en argent.

230 — 88 Sanglier : bronze de Fratin.

231 — 89 Deux cornets en porcelaine, bleu grand feu, avec lumières en bronze doré.

232 — 90 Grand lustre en bronze doré.

233 — 91 Appliques pour lampes et bougies.

234 — 92 Lustre en cristal.

235 — 93 Glace de Venise avec ornements en cuivre.

236 — 94 Papeterie anglaise.

237 — 95 Papeterie en marqueterie.

238 — 96 Louqsor, aquarelle par Crapelet. (Vue des ruines occupées par Mlle Rachel pendant son voyage en Égypte.)

239 — 97 Trois boîtes en laque de Chine.

240 — 98 Deux rideaux de croisée en soie Chine, anciens.

241 — 99 Vase étrusque.

242 — 100 Vase étrusque.

243 — 101 Vase étrusque.

244 — 102 Vase étrusque.

245 — 103 Le Christ, beau marbre attribué à Canova.

246 — 104 Deux flacons à odeurs, argent ciselé et doré; amours supportant une couronne avec chiffre en brillants sur émail bleu.

247 — 105 Montre en cuivre, ovale, de 1571, avec portraits et sujets gravés.

Cette montre, très-curieuse, a appartenu à l'impératrice Élisabeth de Russie.

248 — 106 Nécessaire de voyage, anglais, garni en argent doré et ivoire.

Ce nécessaire a figuré à l'Exposition universelle de 1855.

249 — 107 Nécessaire de voyage en or, dans son écrin d'ivoire.

250 — 108 Coupe russe en argent ciselé et doré; sur le couvercle, saint Michel terrasse un dragon.

Moscou, 1854, avec inscription.

251 — 109 Coupe russe en argent ciselé et doré; sur le couvercle, un enfant foule des raisins; des femmes et des enfants supportent la coupe.

Moscou, 1854, avec inscription.

252 — 110 Coupe en argent ciselé, enrichie de rubis, émeraudes et turquoises.

Sur le couvercle, Apollon, assis et tenant une lyre, est entouré des neuf Muses, en médaillons.

La vasque est ornée des portraits en ronde-bosse de Benvenuto Cellini, Bernard Palissy, Michel-Ange, Maso Finiguerra, Lorenzo Ghiberti, Albert Durer, et d'allégories représentant la Justice, la Musique, la Géographie, la Géométrie, l'Histoire et la Théologie.

Sur le pied sont quatre figurines détachées, le Dessin, l'Architecture, la Peinture et la Sculpture.

Cette coupe, est remarquable autant par sa composition que par la pureté et le fini du travail.

253 — 111 Écritoire en bois sculpté, surmontée du buste de Molière.

254 — 112 Deux vases en porphyre, montés en bronze doré, sur socles.

255 — 113 Tapis de table en cachemire bleu, de l'Inde, brodé or, avec garniture en guipure.

256 — 114 Peau de lion d'Afrique.

257 — 115 Peau d'ours blanc.

258 — 116 Garnitures de toilette en porcelaine.

259 — 117 Riches garnitures de toilette en émail de Chine.

260 — 118 Mandoline abyssinienne.

261 — 119 Guitare.

Cette guitare, devenue historique, est celle sur laquelle s'accompagnait la petite Élisa Félix, alors qu'elle n'était pas encore devenue la grande Mlle Rachel.

SUCCESSION DE MLLE RACHEL.

CATALOGUE

DES VINS FINS

DÉPENDANT DE LA SUCCESSION

DE

MLLE RACHEL,

DONT LA VENTE AUX ENCHÈRES PUBLIQUES

AURA LIEU A PARIS,

PLACE ROYALE, N° 9,

Le Samedi 17 Avril 1858, à midi.

Par le ministère de Me **HAYAUX DU TILLY**, Commissaire-Priseur, demeurant à Paris, rue du Bac, 26, et rue de l'Université, 46, près des Tuileries.

NOTA. Les vins seront dégustés au moment de la vente.

LE CATALOGUE SE TROUVE, A PARIS, CHEZ :

Me **HAYAUX DU TILLY**, Commissaire-Priseur, rue du Bac, 26.

Me **LE MONNYER**, Notaire, rue de Grammont, 16.

Me **DELAPORTE**, Notaire, rue de la Chaussée-d'Antin, 68.

CONDITIONS DE LA VENTE.

La vente se fera expressément au comptant.

Les acquéreurs paieront cinq pour cent en sus des adjudications.

La livraison des Vins aura lieu le lendemain de la vente, de huit à onze heures du matin.

SUCCESSION DE Mlle RACHEL

CAVE

CRUS DE BORDEAUX.

262 — 1 — 224 bouteilles Beaumont.
263 — 2 — 133 id. Lascombe.
264 — 3 — 45 id. Saint-Estèphe, Lafont-Rochet.
265 — 4 — 261 id. Desmirail-Margaux.
266 — 5 — 78 id. Corcé-Contenac.
267 — 6 — 141 id. Pichon-Longueville vieux.
268 — 7 — 90 id. Lur-Saluces.
269 — 8 — 7 id. Haut-Brion.
270 — 9 — 51 id. Château-Laffitte.
271 — 10 — 25 id. Haut-Sauterne.

CRUS DIVERS.

272 — 11 — 49 id. Pomard très-vieux.
273 — 12 — 192 id. Côte-du-Rhône.
274 — 13 — 5 id. Vin de Moselle.
275 — 14 — 20 id. Malaga.
276 — 15 — 11 id. Porto.
277 — 16 — 5 id. Madère.
278 — 17 — 13 id. Madère.
279 — 18 — 32 id. Xérès.
280 — 19 — 9 id. Vins fins divers.

LIQUEURS

381 — 20 — 9 id. Cognac.
382 — 21 — 3 1/2 id. Vieux rhum.

SUCCESSION DE MLLE RACHEL.

CATALOGUE

DE

L'ARGENTERIE, DES BIJOUX & DES DIAMANTS

DÉPENDANT DE LA SUCCESSION

DE

MLLE RACHEL,

DONT LA VENTE AUX ENCHÈRES PUBLIQUES

AURA LIEU A PARIS,

PLACE ROYALE, N. 9.

Les Lundi 19, Mardi 20, et Mercredi 21 Avril 1858, à midi,

Par le ministère de Me **HAYAUX DU TILLY**, Commissaire-Priseur,
demeurant à Paris, rue du Bac, 26, et rue de l'Université, 46,
près des Tuileries;

Assisté de **M. DARCHE**, Joaillier, demeurant à Paris, rue de la Paix, 32.

EXPOSITION PUBLIQUE SPÉCIALE

Le Dimanche 18 Avril 1858, de midi à cinq heures.

LE CATALOGUE SE TROUVE, A PARIS, CHEZ :

Me **HAYAUX DU TILLY**, Commissaire-Priseur, rue du Bac, 26.
M. **DARCHE**, Joaillier, rue de la Paix, 32.
Me **LE MONNYER**, Notaire, rue de Grammont, 16.
Me **DELAPORTE**, Notaire, rue de la Chaussée-d'Antin, 68.

CONDITIONS DE LA VENTE

La vente se fera expressément au comptant.

Les acquéreurs paieront cinq pour cent en sus des adjudications.

SUCCESSION DE MLLE RACHEL.

ARGENTERIE.

283 — 1 Deux bateaux à hors-d'œuvre, couvercles en argent, pesant 400 grammes.

284 — 2 Poëlon pesant 253 gr.

285 — 3 Huit dessous de bouteilles pesant 1,615 gr.

286 — 4 Truelle à poisson, manche en ivoire, pesant 137 gr.

287 — 5 Truelle à poisson, la Chasse au sanglier, poids brut, 157 gr.

288 — 6 Moutardier pesant 187 gr.

289 — 7 Six bouts de table pesant 282 gr.

290 — 8 Quatre pelles à sel, une à moutarde, une autre à sucre, argent étranger, pesant 65 gr.

291 — 9 Huit pelles à sel, en vermeil, pesant 67 gr.

292 — 10 Six porte-couteaux pesant 106 gr.

293 — 11 Six brochettes pesant 122 gr.

294 — 12 Onze poignards à fruits pesant 55 gr.

295 — 13 Douze coquetiers en filigrane.

296 — 14 Ménagère anglaise pesant 970 gr.

297 — 15 Couvert à salade, poids brut, 190 gr.

298 — 16 Douze fourchettes à huîtres, poids brut, 265 gr.

299 — 17 Pince à sucre pesant 27 gr.

300 — 18 Pince à sucre pesant 90 gr.

301 — 19 Cuiller à sucre pesant 70 gr.

302 — 20 Deux cuillers à sucre pesant 147 gr.

303 — 21 Douze couverts à dessert pesant 1295 gr.

304 — 22 Douze couverts à dessert pesant 1295 gr.

305 — 23 Six couverts à dessert pesant 655 gr.

306 — 24 Quatre assiettes pesant 1925 gr.
307 — 25 Quatre assiettes pesant 1895 gr.
308 — 26 Quatre assiettes pesant 1898 gr.
309 — 27 Quatre assiettes pesant 1875 gr.
310 — 28 Quatre assiettes pesant 1917 gr.
311 — 29 Quatre assiettes pesant 1878 gr.
312 — 30 Quatre assiettes pesant 1938 gr.
313 — 31 Quatre assiettes pesant 1878 gr.
314 — 32 Quatre assiettes pesant 1922 gr.
315 — 33 Quatre assiettes pesant 1917 gr.
316 — 34 Quatre assiettes pesant 1912 gr.
317 — 35 Quatre assiettes pesant 1940 gr.
318 — 36 Quatre assiettes pesant 1905 gr.
319 — 37 Quatre assiettes pesant 1885 gr.
320 — 38 Quatre assiettes pesant 1935 gr.
321 — 39 Deux assiettes à potage pesant 982 gr.
322 — 40 Deux assiettes à potage pesant 967 gr.
323 — 41 Deux assiettes à potage pesant 971 gr.
324 — 42 Deux assiettes à potage pesant 993 gr.
325 — 43 Assiette pesant 485 gr.
326 — 44 Deux plats pour entrées pesant 1452 gr.
327 — 45 Deux plats pour entrées pesant 1447 gr.
328 — 46 Deux plats pour relevés pesant 1858 gr.
329 — 47 Deux plats pour relevés pesant 1800 gr.
330 — 48 Plat ovale pesant 1860 gr.
331 — 49 Plat ovale pesant 2288 gr.
332 — 50 Plat ovale pesant 3805 gr.
333 — 51 Plat à turbot avec sa grille pesant 7150 gr.
334 — 52 Cuiller à punch.
335 — 53 Bol et son plateau, avec chiffres, argent anglais, pesant 268 gr.
336 — 54 Tasse et sa soucoupe en vermeil pesant 378 gr.
337 — 55 Tasse et son plateau, argent, feuilles de vigne en relief, pesant 495 gr.

338 — 56 Sucrier et son plateau, douze cuillers à café en argent doré étranger, pesant 745 gr.

339 — 57 Couteau, cuiller et ciseaux à fruits, argent doré étranger, pesant 227 gr.

340 — 58 Mouchettes et plateau en argent pesant 205 gr.

341 — 59 Quatre pièces à hors-d'œuvre pesant 270 gr.

342 — 60 Deux truelles à beurre pesant 285 gr.

343 — 61 Quatre cuillers d'entremets pesant 288 gr.

344 — 62 { Deux cuillers à ragoût / Deux cuillers à ragoût } pesant 455 gr.

345 — 63 Pince à asperges pesant 279 gr.

346 — 64 Douze cuillers à café, argent doré, pesant 225 gr.

347 — 65 Cuiller à potage pesant 233 gr.

348 — 66 Douze couverts pesant 2115 gr.

349 — 67 Douze couverts pesant 2100 gr.

350 — 68 Six couverts pesant 1050 gr.

351 — 69 Douze fourchettes pesant 1047 gr.

352 — 70 Douze fourchettes pesant 1057 gr.

353 — 71 Douze fourchettes pesant 1060 gr.

354 — 72 Douze fourchettes pesant 1058 gr.

355 — 73 Douze fourchettes pesant 1052 gr.

356 — 74 Dix fourchettes pesant 880 gr.

357 — 75 Douze couteaux de table, manche argent.

358 — 76 Cent couteaux de table, manche argent.

359 — 77 Service à découper, manche argent.

360 — 78 Vingt-neuf couteaux à dessert, manche argent.

361 — 79 Trente couteaux de dessert, manche et lame argent.

362 — 80 Casserole à légumes, pesant 1005.

363 — 81 Deux casseroles à légumes, avec double fond, pesant 4010 grammes.

364 — 82 Assiette à marrons, pesant 1698 gr.

365 — 83 Corbeille à pain, beau travail anglais, pesant 1465 gr.

366 — 84 Sucrier anglais, pesant 188 gr.

367 — 85 Sucrier anglais à anses, pesant 1117 gr.

368 — 86 Flambeaux en argent, panthères et têtes de bélier, pesant 1145 gr.

369 — 87 Cafetière de voyage, avec chiffres, pesant 220 gr.

370 — 88 Cafetière Louis XV, pesant 185 gr.

371 — 89 Cafetière pesant net 440 gr.

372 — 90 Quatre pièces formant un thé, pesant net 400 gr.

373 — 91 Grand plateau en argent, pesant 4923 gr.

374 — 92 Deux seaux à champagne, en argent ciselé, pesant 7800 gr.

375 — 93 Grande vasque avec jet d'eau et colombes de grandeur naturelle, argent anglais, pesant 5290 gr.

Cette belle pièce a figuré à l'Exposition universelle de 1855.

376 — 94 Beau service à thé, d'Aucoc, poids brut, 6787 gr.

Ce service est renfermé dans sa caisse.

377 — 95 Nécessaire de toilette en palissandre incrusté, d'Aucoc, avec pièces en argent, pesant 4930 gr.

PLAQUÉ

378 — 96 Petit plateau pour service à thé.

379 — 97 Deux plats pour entrées, à bords en argent ciselé.

380 — 98 Deux plats pour entrées, à bords en argent ciselé.

381 — 99 Deux plats pour relevés, à bords en argent ciselé.

382 — 100 Deux plats pour relevés, à bords en argent ciselé.

383 — 101 Deux plats ovales à bords en argent ciselé.

384 — 102 Grand plateau riche à bords en argent ciselé.

ARGENTURE CHRISTOFLE

385 —
386 —
387 —
388 — } 103 Caisse incomplète

ARGENTERIE RUSSE

389 — 104 Douze petits gobelets russes, de Toula, pesant 378 gr.

390 — 105 Casserole gravée, argent de Toula, pesant 572 gr.

391 — 106 Nécessaire de toilette, avec pièces en argent niellé, pesant 4444 gr.

Ce nécessaire, d'un remarquable travail, a été offert à Mademoiselle Rachel, par S. E. le prince Gortschakoff, à Moscou, 1854.

392 — 107 Gobelet russe, argent, tête de sanglier.

393 — 108 Hanap russe, tronc d'arbre.

394 — 109 Hanap russe, épisode de la guerre du Caucase, avec personnages en relief.

395 — 110 Salière russe, avec inscription.

396 — 111 Salière russe avec inscription et gravure.

397 — 112 Caisse d'argenterie russe de Toula, poids 2752 gr.

398 — 113 Caisse d'argenterie russe, de Toula, poids total 9220 gr.

Service très-riche, avec vues de Russie.

BIJOUX ET DIAMANTS

399 — 114 Deux bracelets, argent doré.

400 — 115 Cinq broches triangulaires, or et faux onyx.

401 — 116 Broche, or (10 gr.), corne d'abondance.

402 — 117 Broche triangulaire, or, sur pierre dure.

403 — 118 Broche, or, miniature, portrait de Marie-Louise.

404 — 119 Boucles d'oreilles, or, avec fruits en pendeloques; poids, 10 gr.

405 — 120 Boucles d'oreilles, or, médailles d'Alexandre.

406 — 121 Quinze boutons et une broche en mosaïque.

407 — 122 Broche italienne, or, avec devise : *Signum Amicitiæ.* poids, 10 gr.

408 — 123 Broche italienne, or, pesant 16 gr., avec masque de théâtre entouré de la devise : *Feliciter.*

409 — 124 Broche italienne, forme grecque, or, pesant 10 gr., avec la devise : *Vita dulcis.*

410 — 125 Bracelet italien, or, pesant 33 gr., avec ces inscriptions : *Amo te, Ama me.*

411 — 126 Porte-crayon en or et malachite.

412 — 127 Bracelet, bas or, avec bas-reliefs égyptiens et cassolette, renfermés dans une noix.

413 — 128 Bracelet en argent doré, avec neuf médaillons.

414 — 129 Châtelaine avec pièces russes en argent doré.

415 — 130 Vade-mecum en or, nacre et turquoises.

416 — 131 Bracelet en jaseron (20 grammes) avec neuf croix étrangères.

417 — 132 Médaillon ovale, or et émail bleu ; poids brut, 62 gr.

418 — 133 Broche ovale, onyx et sardoine, avec inscription orientale, entourée d'un cercle en or.

419 — 134 Porte-crayon en or (32 gr.) garni en émail, roses, saphirs, rubis et émeraudes.

420 — 135 Deux boucles d'oreilles en corail : têtes de béliers.

421 — 136 Bracelet en corail : Néréïde tenant un jeune Triton.

422 — 137 Broche en corail, Neptune et Amphitrite au milieu d'un groupe d'Amours et de Tritons.

423 — 138 Broche en corail formant bracelet : tête de bélier entourée de pampres et de raisins.

424 — 139 Collier, tissu d'or et deux boucles d'oreilles avec coraux ; style égyptien,

425 — 140 Collier carré, tissu d'or et coraux roses ; poids, 90 gr.

426 — 141 Épingle en or et corail rose, avec guirlandes de fleurs.

427 — 142 Bracelet, tissu d'or, pesant 93 gr.

428 — 143 Bracelet, tissu d'or, pesant 97 gr.

429 — 144 Talisman turc, or, roses et rubis sur une grande turquoise triangulaire, avec châtelaine en cuivre ciselé.

430 — 145 Montre en or Louis XVI, d'une belle conservation.

431 — 146 Broche sur pierre dure, cadre d'or; travail italien. (Napoléon Ier, entouré des divers attributs de la puissance et de la gloire.)

432 — 147 Médaillon, or (79 gr.), aux initiales *L. B.*

433 — 148 Garniture de vingt-deux boutons de robe et de manchettes, en turquoises.

434 — 149 Flacon en lapis, avec monture or et émail.

435 — 150 Tarbouch turc, or, rubis et émail, à trois tons (100 gr.)

436 — 151 Broche, tête de serpent, or, émail, roses, perles et rubis.

437 — 152 Collier et deux boucles d'oreilles, à pendeloques de forme égyptienne, or, pesant 155 gr.

438 — 153 Collier égyptien et boucles d'oreilles, or et scarabées.

439 — 154 Garniture de deux boucles d'oreilles, une paire de boutons de manchettes et dix-neuf boutons de robe, en forme de serpents, pesant, avec les anneaux, 548 gr.

440 — 155 Deux bracelets, or, à gros maillons, formant ceinture, pesant 430 gr.

441 — 156 Bracelet, or (75 gr.), en forme de serpent, garni de turquoises, roses et rubis.

442 — 157 Épingle, aigle, or et brillants.

(Offerte par la Société polonaise de Paris, à la suite d'une fête de bienfaisance.)

444 — 159 Bague or, montée d'un rubis et de deux brillants.

445 — 160 Bague or, montée d'un brillant.

446 — 161 Bague or, montée d'un saphir rond et de onze brillants.

447 — 162 Bague or, montée d'un saphir ovale et de onze brillants.

448 — 163 Bague or, montée d'une émeraude et de douze brillants.

(Offerte par S. M. l'empereur de Russie. Saint-Petersbourg, 1854.)

449 — 164 Bague or montée d'un rubis ovale et de douze brillants.

450 — 165 Bague or, montée d'un rubis rond et de douze brillants.

451 — 166 Bracelet or (93 gr.), monté de brillants et rubis, avec portrait de Mlle Mars, par Mme de Mirbel.

452 — 167 Bracelet or (47 gr.), serpents enlacés, émail et brillants.

(Offert par S. M. la reine d'Angleterre.)

453 — 168 Carnet, or et émail, avec miniature, porte-crayon et montre.

454 — 169 Broche à pendeloques, émeraudes cabochons et roses.

455 — 170 Broche à cinq pendants, montée d'émeraudes (une grosse et d'autres plus petites), perles, rubis et brillants.

456 — 171 Plaque en brillants (vingt-six petits, vingt-quatre plus gros) et une turquoise.

457 — 172 Broche or et émail bleu, montée de dix-sept brillants.

458 — 173 Broche à pendeloques, montée de brillants, rubis et trois perles fines.

(Offerte par S. M. l'Empereur Napoléon III.)

459 — 174 Bracelet or, en forme de selle arabe, monté de rubis, saphirs, émeraudes, perles fines et brillants.

(Ce bracelet a figuré à l'Exposition universelle de 1855.)

460 — 175 Boucles d'oreilles en rubis, émeraudes et brillants.

(Offertes par S. M. l'empereur Nicolas. Saint-Pétersbourg, 1854.)

461 — 176 Bracelet or (98 gr.), avec cœur de dix-sept rubis et quarante-sept brillants, médaillon de rubis et brillants, médaillon de saphirs et brillants.

462 — 177 Broches en brillants avec guirlandes et trois perles fines en pendeloques.

463 — 178 Collier de perles fausses, avec plaque en émeraudes cabochons entourée de treize brillants.

464 — 179 Bracelet de soixante-six perles fines, garni de roses et brillants.

465 — 180 Broche en forme de colimaçon, montée de rubis, brillants et perles fines.

(Offerte par S. M. l'empereur Nicolas, à Saint-Pétersbourg, 1854.)

466 — 181 Broche avec pendeloque en opales, roses et 54 brillants.

(Offerte par S. M. l'empereur Nicolas, à Berlin, 1854.)

467 — 182 Deux boucles d'oreilles à pendeloques, cabochons et seize brillants.

(Cadeau de S. A. I. la grande-duchesse Hélène de Russie. — Hambourg.)

468 — 183 Collier de brillants et perles fines montées en pendeloques.

469 — 184 Deux boucles d'oreilles, rubis et brillants montés en pendeloques.

470 — 185 Broche à pendeloques en rubis et brillants.

471 — 186 Bracelet-bandeau, en forme de couronne, garni en brillants.

472 — 187 Bracelet formant demi-collier, garni de turquoises et brillants.

473 — 188 Demi-collier en rubis et brillants.

474 — 189 Bracelet or, pesant 88 gr., garni d'environ 89 rubis et 352 brillants.

475 — 190 Trois broches et aiguillettes montées en brillants et formant un riche bouquet de corsage.

476 — 191 Deux broches avec brillants en poire, montées en fuchsias.

477 — 192 Deux boucles d'oreilles en brillants, montées en abeilles.

478 — 193 Deux boucles d'oreilles à pendeloques, en brillants.

479 — 194 Rivière de trente-deux gros brillants.

480 — 195 Bracelet argent filigrane, avec chaînette. (36 gr.)

481 — 196 Deux bracelets argent, gourmette, non fermés. (135 grammes.)

482 — 197 Bracelet câblé, non fermé. (96 gr.)

483 — 198 Deux bracelets argent à pointes arrondies (88 gr.) — Les six bracelets ci-dessus ont été rapportés de la Haute-Egypte.

484 — 199 Petit coffret en filigrane.

485 — 200 Deux boucles d'oreilles italiennes or, pesant 27 gr.

486 — 201 Cachet or ancien ; poids 17 gr.

487 — 202 Cachet argent doré et buste en améthyste.

488 — 203 Brochette de décorations étrangères, or et argent, pesant 31 gr.

489 — 204 Chapelet argent et grenats.

490 — 205 Chapelet argent et agate.

491 — 206 Chapelet or et verre bleu.

492 — 207 Harpe à musique, or, émail et roses, avec clef.

493 — 208 Portrait de la Cenci.

494 — 209 Médaillon or avec portrait.

495 — 210 Bague or et émeraude.

496 — 211 Crochet de ceinture, masque, or, roses et rubis. (15 grammes.)

497 — 212 Chaîne or et scarabées.

498 — 213 Bracelet égyptien or, avec médailles en argent et en or; poids 177 gr.

499 — 214 Soixante-seize sequins or, pesant 83 gr.

500 — 215 Sept médailles or, Bas-Empire. (31 gr.)

501 — 216 Flacon monté en or, turquoises et rubis.

502 — 217 Bague or et émail montée de cinq brillants.

503 — 218 Cœur en or, monté de brillants, rubis et opale.

504 — 219 Broche or, émail et brillants AR. Poids 14 gr.

505 — 220 Médaillon or et brillants.

506 — 221 Bracelet or, 122 gr., monté en rubis et de deux gros brillants.

SUCCESSION DE MLLE RACHEL.

CATALOGUE

DES

BIJOUX ET COSTUMES

DE THÉATRE

DÉPENDANT DE LA SUCCESSION

DE

MLLE RACHEL

DONT LA VENTE AUX ENCHÈRES PUBLIQUES

AURA LIEU A PARIS,

PLACE ROYALE, N° 9.

Les Vendredi 23 et Samedi 24 Avril 1858,

A MIDI,

Par le ministère de Me **HAYAUX DU TILLY**, Commissaire-Priseur,
Demeurant à Paris, rue du Bac, 26, et rue de l'Université, 46,
près des Tuileries.

EXPOSITION PUBLIQUE SPÉCIALE

Le Jeudi 22 Avril 1858, de midi à cinq heures.

LE CATALOGUE SE TROUVE A PARIS, CHEZ :

Me **HAYAUX DU TILLY**, Commissaire-Priseur, 26, rue du Bac
Me **LE MONNYER**, Notaire, rue de Grammont, 16.
Me **DELAPORTE**, Notaire, rue de la Chaussée-d'Antin, 68.

CONDITIONS DE LA VENTE.

La vente sera faite expressément au comptant.

Les acquéreurs paieront cinq pour cent en sus des adjudications.

SUCCESSION DE MLLE RACHEL.

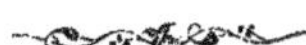

Bijoux et Costumes de Théâtre.

BIJOUX.

507 — 1 Perles de différentes grosseurs.
508 — 2 Collier, imitation de malachite.
509 — 3 Ceinture.
510 — 4 Garniture de robe en perles.
511 — 5 Ceinture de jais (*Angelo*).
512 — 6 Quatre bracelets de fantaisie, strass.
513 — 7 Deux boucles d'oreilles.
514 — 8 Aigrette.
515 — 9 Broche en strass et fausse émeraude.
516 — 10 Aigrette, fuchsias en strass.
517 — 11 Rivière en strass, très-grosses pierres.
518 — 12 Deux rivières en strass, pierres de moyenne grosseur.
519 — 13 Rivière strass à deux rangs.
520 — 14 Deux aigrettes strass.
521 — 15 Cinq broches strass.
522 — 16 Deux grandes boucles d'oreilles à pendeloques, strass, ancienne monture.
523 — 17 Bouquet de cinq épis, strass.
524 — 18 Broche en strass, grosses et moyennes pierres, avec un bracelet en strass, à trois rangs de perles.
525 — 19 Jonc et épingle strass, grosse pierre.
526 — 20 Collier de perles à deux rangs.
527 — 21 Collier de perles à cinq rangs et pendeloques.
528 — 22 Ceinture et deux bracelets en pendeloques, avec perles et fausses émeraudes cabochons, deux épaulettes.

529 — 23 Deux boucles d'oreilles, une grande broche.

530 — 24 Deux épaulettes, deux bracelets, une garniture de robe en perles et fausses turquoises.

531 — 25 Collier, boucles d'oreilles et bracelet en perles noires.

532 — 26 Ferronnière, deux peignes à galerie en pierre de couleur, broche en strass et fausse émeraude.

533 — 27 Collier et agrafe, perles et pierres de couleur.

534 — 28 Sept plaques, camées sur coquilles.

535 — 29 Deux bracelets en perles et barrettes de trois pierres en strass.

536 — 30 Cravate en perles.

537 — 31 Diadême formé de deux boucles d'oreilles et trois broches.

538 — 32 Miroir de beauté.

539 — 33 Coiffure et sa calotte, collier, collerette en perles, et bracelet garnis de sequins. (Angelo, 1er et 3e actes.)

540 — 34 Deux épaulettes en strass, perles et grenats. (Angelo.)

541 — 35 Bourse moyen âge. (Angelo.)

542 — 36 Deux broches et garniture de coiffure. (Angelo.)

543 — 37 Poignard riche, gaîne en velours grenat.

544 — 38 Couronne en strass. (Marie Stuart.)

545 — 39 Collier démonté et croix, cuivre doré avec filigrane. (Marie Stuart.)

546 — 40 Ceinture très-riche. (Marie Stuart.)

547 — 41 Chapelet jais et ivoire. (Marie Stuart.)

548 — 42 Diadême. (Don Sanche d'Aragon.)

549 — 43 Deux colliers. (Don Sanche.)

550 — 44 Aumônière en drap d'or et pierres de couleur. (Don Sanche.)

551 — 45 Deux bracelets perles et gros rubis. (Moineau de Lesbie.)

552 — 46 Deux plaques et un grand cordon d'ordre russe. (Czarine.)

553 — 47 Deux ceintures : l'une en perles, l'autre en pierres de couleur. (Adrienne Lecouvreur.)

554 — 48 Poignard strass et pierres de couleur. (Adrienne Lecouvreur.)

555 — 49 Bracelet en strass. (Adrienne Lecouvreur.)

556 — 50 Diadême. (Tancrède.)

557 — 51 Six bracelets. (Virginie.)

558 — 52 Diadême, deux bracelets, deux colliers, deux bandelettes. (Athalie.)

559 — 53 Diadême perles et cinq camées sur coquilles. (Phèdre.)

560 — 54 Boucles d'oreilles, camées sur coquilles et perles. (Phèdre.)

561 — 55 Diadême avec neuf camées sur coquilles. (Andromaque.)

562 — 56 Six bracelets en forme de serpents.

563 — 57 Deux bracelets plats. (Horaces.)

564 — 58 Deux colliers. (Mithridate.)

565 — 59 Diadême, quatre bandelettes, deux bracelets. (Mithridate.)

566 — 60 Grande broche carrée à étoiles.

567 — 61 Trois bouts de chaîne.

568 — 62 Diadême, quatre bracelets riches. (Cléopâtre.)

569 — 63 Diadême. (Frédégonde.)

570 — 64 Deux bandeaux, deux bracelets. (Cinna.)

571 — 65 Diadême, deux plaques. (Esther.)

COSTUMES.

MITHRIDATE.

(Rôle de Monime).

572 — 66 Tunique blanche avec corsage, manteau en mérinos bleu, brodés or.

ATHALIE.

573 — 67 Jupe et corsage en cachemire noir, jupe en mérinos bleu, broderies or et pierreries.

CINNA.

(Rôle d'Émile).

574 — 68 Tunique et corsage en mérinos blanc, avec broderies en laine rouge, manteau en mérinos rouge.

POLYEUCTE.

(Rôle de Pauline).

575 — 69 Manteau demi-rond, tunique et corsage en mérinos blanc, brodés en laine, manteau carré, tunique et corsage en mérinos rose, brodés en blanc.

BRITANNICUS.

(Rôle d'Agrippine).

576 — 70 Manteau carré rouge, brodé or.

CLÉOPATRE.

577 — 71 Corsage et jupe en soie jaune, brochés argent doré et brodés or.

578 — 72 Manteau demi-rond en mérinos rouge, avec pierreries et broderies or.

PHÈDRE.

579 — 73 Manteau demi-rond, mérinos blanc, brodé or, voile demi-rond, en crêpe lisse brodé or, peplum en barége blanc, brodé or.

580 — 74 Tunique de mérinos chamois, manteau demi-rond en mérinos blanc, peplum en barége blanc, et voile brodés or.

581 — 75 Tunique en mérinos chamois, manteau demi-rond en mérinos rouge, peplum en barége, voile en crêpe lisse, le tout brodé or.

582 — 76 Tunique en mérinos chamois, manteau demi-rond en mérinos rouge, brodés or.

583 — 77 Tunique et manteau en mérinos blanc, brodés soie et or, voile et peplum.

ANDROMAQUE.

(Rôle d'HERMIONE).

584 — 78 Deux manteaux blancs.

585 — 79 Deux tuniques bleues.

NICOMÈDE.

586 — 80 Manteau blanc demi-rond, avec broderies or.

TANCRÈDE.

(Rôle d'AMÉNAÏDE).

587 — 81 Deux corsages, une jupe en mérinos blanc.

BAJAZET.

588 — 82 Turban, ceinture et pantalon en étoffes orientales, babouches.

589 — 83 Jupe et corsage en soie cerise, avec broderies.

590 — 84 Corsage et robe de dessous, en satin jaune brodé.

591 — 85 Manteau, veste et dolman en velours vert, brodés or.

HORACE ET LYDIE.

592 — 86 Corsage et jupe, peplum en mousseline blanche, brodés or.

MOINEAU DE LESBIE.

593 — 87 Tunique en mérinos rose, peplum et voile, brodés or.

594 — 88 Tunique et corsage roses, brodés or.

595 — 89 Corsage et tunique en mousseline rose rayée, un peplum blanc, le tout brodé or.

DÉPIT AMOUREUX.

(Rôle de MARINETTE.)

596 — 90 Costume complet avec deux jupes.

MALADE IMAGINAIRE.

(La Cérémonie).

597 — 91 Manteau en mérinos rouge, garni de fausse hermine, et bonnet carré.

MISANTHROPE.

(Rôle de Célimène).

598 — 92 Corsage et jupe en moire blanche, brochés soie et or.

BOURGEOIS GENTILHOMME.

599 — 93 Veste en velours vert avec broderies, calotte et deux bandes de galon en argent doré.

ANGELO.

ROLE DE THISBÉ.

Premier acte.

600 — 94 Corsage garni de pierreries de couleur, jupe en satin blanc brodé or, jupe de dessous en drap d'or orné de pierreries.

601 — 95 Corsage et jupe en soie blanche, brodés or, jupe de dessous en drap d'or, écharpe en crêpe rose, devant de robe en satin blanc garni de pierreries.

Deuxième acte.

602 — 96 Corsage et jupe en velours noir à galon d'or.

MARIE STUART.

Premier acte.

603 — 97 Corsage et jupe en damas de soie broché blanc, avec garniture en perles et galons.

604 — 98 Coiffure, collerette et manchettes.

Cinquième acte.

605 — 99 Corsage, jupe de velours noir à triple rang de galons, corsage et devant de robe en soie bleue.

CZARINE.

606 — 100 Manteau impérial en drap d'or, à l'aigle, à deux têtes, garni et doublé de fourrures.

607 — 101 Jupe et corsage en velours cerise avec environ huit mètres de fourrure et une garniture de robe en fausse hermine.

ADRIENNE LECOUVREUR.

Deuxième acte.

608 — 102 Manches et jupe en mousseline brodée or.

609 — 103 Jupe en damas de soie noire, brochée or, avec broderie or.

610 — 104 Turban, pardessus en soie bleue, brochée or.

Troisième acte.

611 — 105 Corsage et jupe en drap d'or, brodés en chenille rose.

612 — 106 Corsage et jupe en soie rose, brochée argent.

Quatrième acte.

613 — 107 Corsage et jupe en soie chamois à fleurs chinées.

614 — 108 Corsage et jupe, taffetas rose chiné à fleurs.

615 — 109 Corsage et jupe, soie moirée brochée or, avec jupe de dessous en moire antique blanche brodée or.

JEANNE D'ARC.

Premier, deuxième et troisième actes.

616 — 110 Deux tuniques, deux corsages et deux jupes en mérinos bleu.

617 — 111 Très-belle armure richement damasquinée avec bottines, jambières, justaucorps et cotte de mailles.

618 — 112 Quantité d'objets divers ayant servi au théâtre.

SUCCESSION DE Mlle RACHEL

CATALOGUE

DES LIVRES

COMPOSANT LA

Bibliothèque Littéraire et Dramatique

DE

Mlle RACHEL,

DONT LA VENTE AUX ENCHÈRES PUBLIQUES

AURA LIEU A PARIS,

PLACE ROYALE, N° 9.

Les Lundi 26 et Mardi 27 Avril 1858

A UNE HEURE PRÉCISE DE RELEVÉE,

Par le ministère de Me **HAYAUX DU TILLY,** Commissaire-Priseur.
demeurant à Paris, rue du Bac, 26, et rue de l'Université, 46,
près des Tuileries.

Assisté de M. Auguste **AUBRY**, Libraire.

EXPOSITION PUBLIQUE SPÉCIALE

Le Dimanche 25 Avril 1858, de midi à cinq heures

LE CATALOGUE SE TROUVE, A PARIS, CHEZ :

Me **HAYAUX DU TILLY,** Commissaire-Priseur, rue du Bac.
M. Auguste **AUBRY,** Libraire, rue Dauphine, 16.
Me **LE MONNYER,** Notaire, rue de Grammont, 16.
Me **DELAPORTE,** Notaire, rue de la Chaussée-d'Antin, 68.

ORDRE DE LA VENTE

Le Lundi 26 Avril 1858

262 à 272
8 à 90
187 à 249

Le Mardi 27 Avril 1858

91 à 186
250 à 261
373 à
1 à 7

CONDITIONS DE LA VENTE :

La vente aura lieu au comptant.

Les acquéreurs payeront cinq pour cent en sus du prix d'adjudication.

NOTA. Le Libraire, chargé de la vente, *remplira les commissions des personnes qui ne pourraient y assister.* Indiquer le maximum de chaque commission.

SUCCESSION DE Mlle RACHEL.

LIVRES.

THÉOLOGIE.

619 — 1 Biblia Sacra polyglotta, textus archetypos versionesque præcipuas ab ecclesia antiquitus receptas necnon versiones recentiores Anglicanam, Germanicam, Italicam, Gallicam, et Hispanicam, complectentia. Accedunt prolegomena in textuum archetyporum, versionumque antiquarum crisin literalem, auctore Samuele Lee, S. T. B. *Londini, Bayster*, 1831, in-fol., velours noir.

Superbe exemplaire avec fermoirs et garnitures en argent repoussé. — Très-beau frontispice peint à l'aquarelle par Rousset, représentant le Paradis perdu et les quatre Évangélistes.

620 — 2 La Sainte Bible, en latin et en françois, suivie d'un Dictionnaire étymologique, géographique et archéologique. *A Paris, chez Lefèvre*, 1828, 13 vol. in-8, pap. vél., mar. viol. dent., tr. dor., fig. d'Achille Devéria. (*Chiffre.*)

621 — 3 Les Femmes de la Bible, collection de portraits des femmes remarquables de l'Ancien et du Nouveau Testament, avec textes explicatifs. *Paris*, 1846, gr. in-8, fig. grav. d'ap. Staal, mar. noir, tr. d.

622 — 4 L'Imitation de Jésus-Christ, traduite en vers par M. de Sapinaud de Boishuguet. *Paris*, 1844, in-12, cart. en percal.

Envoi aut. sig. (7 lig.) signé Fourés, 15 juillet 1855.

623 — 5 L'Imitation de Jésus-Christ, traduite et paraphrasée en vers françois par P. Corneille. *A Paris, R. Ballard*, 1665, in-16, bas., fig.

Édition rare.

623 bis — 5 bis. **Heures à l'usage de Paris.** *Ces présentes Heures furent achevées à Paris le XXIe jour de juing, l'an mil cinq cens et dix, pour Anthoine Verard, demourant devant Nostre-Dame de Paris.*

Très-bel exemplaire imprimé sur vélin, figures et encadrements gravés en bois; rel. en velours rouge.

624 — 6 Le Koran, trad. nouv. faite sur texte arabe, par Kasimiriski. *Paris, Charpentier*, 1855, in-18, br.

625 — 7 Lettres écrites à un provincial par Blaise Pascal, préc. d'un Essai sur ces lettres et sur le style de l'auteur. — Les Pensées de Blaise Pascal, suivies d'une nouvelle table analytique. *Paris, A. André*, 1839, 2 vol. in-8, pap. vél., port., mar. n. fil., n. rog. (*Chiffre sur les plats.*)

BELLES-LETTRES.

§ I

COMMENTATEURS ET CRITIQUES.

626 — 8 Lycée, ou Cours de littérature ancienne et moderne, par J.-F. La Harpe, précédé d'une Notice sur sa vie et ses ouvrages par Saint-Surin. *Paris, Didier*, 1827, 16 vol. in-8. (*Chiffre.*)

627 — 9 Leçons françaises de littérature et de morale, etc., par Noël et de La Place. *Paris*, 1851, 2 vol. in-8, d.-rel., v. fauve.

628 — 10 Œuvres de M. Villemain. *Paris, Didier*, 1846, 10 vol. in-8, d.-rel., mar. vert.

Littérature au moyen âge. — Littérature au XVIIIe siècle. — Éloquence chrétienne. — Discours et Mélanges littéraires — Études d'histoire moderne.

629 — 11 Villemain. Tableau de la littérature au moyen âge, 2 vol. — Tableau de la littérature au XVIIIe siècle, 4 vol. *Paris, Didier*, 1840. Ens. 6 vol. in-8, d.-rel., mar. noir. (*Andrieux.*) *Chiffre sur les plats.*

630 — 12 Histoire de la langue et de la littérature des Slaves, Russes, Serbes, Bohèmes, Polonais et Lettons, par Eichoff. *Paris, Cherbuliez*, 1839, gr. in-8, d.-rel., mar. r.

§ II.

POETES GRECS ET LATINS.

631 — 13 Homère, Iliade et Odyssée, traduit en français par Dugas Montbel. *Paris*, 1834, 2 vol. in-8, mar. viol. fil., fleurons, tr. dor. (*Chiffre.*)

632 — 14 Collection des auteurs latins, avec la traduction en français, publiée sous la direction de M. Nisard. *Paris, Dubochet*, 1848, 27 vol. gr. in-8, format Panthéon, d.-rel., mar. bleu.

633 — 15 Œuvres complètes de Virgile, trad. nouvelle par MM. Charpentier, Amar, Parisot et Fée. *Paris, Panckoucke*, 1833. 4 vol. in-8, mar. bl. fil., fleurons, tr. d. (*Chiffre.*)

634 — 16 Quintus Horatius Flaccus. *Londini, G. Pickering*, 1824, pet. in-64, cart.

Sur la garde, trad. en vers de l'ode IX par Adolphe Hatzfeld, autog. sig.

635 — 17 Les Métamorphoses d'Ovide, traduction nouvelle avec le texte latin, par G.-T. Villenave. *Paris*, 1806, 4 vol. in-4, mar. vert fil. dent., tr. dor. (*Andrieux*), fig. d'ap. Lebarbier, Monsiau et Moreau. (*Chiffre R. sur les plats.*)

636 — 18 Études antiques, par F. Ponsard. — Homère. — Ulysse. *Paris, Michel Lévy*, 1852, in-18, v. fauve. (*Niédrée.*)

637 — 19 La Fille d'Eschyle, étude antique en cinq actes et en vers, par J. Autran. *Paris*, 1848, in-18, pap. vél.

Envoi autog. de l'aut. sig. à Mlle Rachel.

638 — 20 Menandre, étude historique et littéraire sur la comédie et la société grecques, par G. Guizot. *Paris, Didier,* 1855, in-8, d.-rel., mar. r., *Portrait.*

§ III.

POETES MODERNES FRANÇAIS ET ÉTRANGERS.

639 — 21 OEuvres de Boileau Despréaux. *Paris, Didot l'aîné,* 1815, 3 vol. in-8, mar. viol. fil., tr. dor., *papier vélin.* (*Chiffre.*)

640 — 22 Fables de La Fontaine. *Paris, imp. de P. Didot,* 1813, 2 vol. in-8, mar. v., tr. dor. (*Chiffre.*)

641 — 23 OEuvres de La Fontaine, nouvelle édition, revue, mise en ordre et accompagnée de notes, par C.-A. Walkenaër. *Paris, Lefèvre,* 1827, 6 vol. in-8, pap. vél., mar. noir fil., n. rog. (*Chiffre sur les plats.*)

641 bis — 23 bis Fables de La Fontaine. *Paris, Nepveu,* 1820, 2 vol. in-12, mar. viol. fil., tr. dor., fig.

642 — 24 Fables de La Fontaine, éd. illustrée. *Paris, Didier,* 1842, 2 vol. in-18, v. viol., tr. dor.

643 — 25 La Henriade, poëme par Voltaire. *Paris, Roux-Dufort,* 1824, mar. v. tr. dor. (*de la collection des classiques en miniature*).

644 — 26 Poésies d'André Chénier, précédées d'une notice par de La Touche. *Paris, Charpentier,* 1841, in-18, d.-rel., mar. r.

645 — 27 Poésies de Millevoye, avec une notice par de Pongerville. *Paris,* 1843, in-18, d.-rel., mar. rose.

646 — 28 Iambes et Poëmes, par Auguste Barbier. *Paris, Masgana,* 1845, in-18, mar. r. fil., tr. dor., doubl. de tapis.

647 — 29 OEuvres complètes de P.-J. de Béranger, cont. les dix chansons nouvelles. *Paris, Perrotin,* 1850, 2 vol. in-18 et album de 84 vignettes sur bois, par Grandville, gr. in-8, d.-rel., mar. r.

648 — 30 Nouvelle Némésis, satires par Barthélemy. *Paris,* 1845, gr. in-8, rel. en percal. gauff.

Envoi d'aut. autog. sig. à Mlle Rachel.

649 — 31 Némésis, satire hebdomadaire, par Barthélemy (7e éd.). *Paris, Perrotin,* 1845, gr. in-8, d.-rel., mar. r., tr. dor., fig. d'ap. Raffet.

650 — 32 OEuvres de Pierre Lebrun, de l'Académie française. *Paris, Perrotin,* 1844, 2 vol. gr. in-8, pap. vél., mar. n. fil. (*Chiffre sur les plats.*)

651 — 33 OEuvres d'Alp. de Lamartine. *Paris, J. Boquet,* 1826, 2 vol. in-8, mar. vert dent., tr. dor. (*Chiffre.*)

652 — 34 Poésies complètes d'Émile Augier. *Paris, M. Lévy,* 1852, in-18, d.-rel.

Envoi d'auteur autog. sig. à Mademoiselle Rachel.

653 — 35 Épîtres, Contes et Pastorales, par Charles Reynaud. *Paris,* 1853, in-18, pap. vél., mar. r., tr. dor.

Envoi aut. sig. de l'aut. à Mademoiselle Rachel.

654 — 36 OEuvres poétiques d'Édouard Smits. *Bruxelles,* 1847, 2 vol. in-8 br., portr.

655 — 37 Rêveries poétiques et religieuses, chants nationaux, etc., par Th. Tuftier. *Florac,* 1855, in-8 br., portr.

656 — 38 Zodiaque, satires à Rachel, par Barthélemy. *Paris,* 1846.

Sur la garde, 4 vers autog. sig. de l'auteur à Mademoiselle Rachel.

657 — 39 Le Génie des Arts à Rachel, ode, paroles de M. le vicomte d'Arlincourt, musique de Muratori. In-4, mar. v.

658 — 40 Fables anti-révolutionnaires, par Isoard de Granet. *Florence,* 1851, in-8 cart.

Envoi aut. sig. à Mademoiselle Rachel.

659 — 41 La Forêt de Fontainebleau, poëme en quatre chants, par Al. Durand. *Fontainebleau,* 1836, in-8, d-rel.

Envoi aut. de l'auteur à Mademoiselle Rachel.

660 — 42 La Bouillotte, poëme en cinq parties, par Barthélemy. *Paris,* 1849, gr. in-8, pap. vél., mar. bl., tr. dor., rel. allégorique.

661 — 43 Les Napoléonniennes et les Tourangelles, poésies, par R. d'Ornano. *Paris,* 1842, in-18, mar. r., tr. dor.

Envoi aut. sig. en vers.

662 — 44 Le Rime del Petrarca. *Londra, G. Pickering,* 1822, pet. in-64 rel.

663 — 45 Le Paradis, le Purgatoire et l'Enfer de Dante Alighieri, trad. en français par le chevalier A.-F. Artaud (texte en regard). *Paris, F. Didot,* 1830, 9 vol. in-16, mar. r. fil., tr. dor.

664 — 46 Les Lusiades, ou les Portugais, poème de Camoëns, en dix chants, trad. par Millié. *Paris, F. Didot,* 1825, 2 vol. in-8, mar. bleu dent., tr. dor. (*Chiffre.*)

665 — 47 OEuvres de lord Byron, trad. par Amédée Pichot. *Paris, Furne,* 1836, 6 vol. in-8, mar. n., fig. (*Chiffre sur les plats.*)

666 — 48 Les Poëtes russes, traduits en vers français par le prince Elim Mestscherski. *Paris, Amyot,* 1846, 2 vol. in-8, d.-rel., mar. r.

667 — 49 Kryloff, ou le La Fontaine russe, sa vie et ses fables, par Alfred Rougeault. *Paris,* 1852, in-18, d.-rel., mar, r.

---

668 — 50 Dialogues des Morts, composés pour l'éducation d'un prince, par Fenélon. *Paris, P. Didot,* in-8, mar. noir fil., gauf. *papier vélin.* (*Chiffre sur les plats.*)

669 — 51 Essais de Michel de Montaigne, avec les notes de tous les commentateurs, éd. publ. par J.-V. Leclerc. *Paris, Lefèvre,* 1826, 5 vol. in-8, pap. vél., mar. noir fil., n. rog., *portrait.* (*Chiffre sur les plats.*)

670 — 52 Les Caractères de La Bruyère, suivis des Caractères de Théophraste, trad. du grec par le même. *Paris,* 1829, 2 vol. in-8, mar. r. fil., tr. dor., *portrait.* (*Chiffre.*)

§ IV.

ROMANS. — CONTES. — NOUVELLES, ETC.

671 — 53 Contes de Marguerite de Valois, reine de Navarre. *Paris, Delongchamps*, 1833, 3 vol. in-8, d.-rel., mar. viol.

672 — 54 OEuvres de Rabelais, édition variorum, augmentée de pièces inédites, des songes drolatiques de Pantagruel. *Paris, Dalibon*. 1823, 9 vol. in-8, d.-rel., mar. n., fig.

673 — 55 OEuvres de Rabelais, publ. par P.-L. Jacob et L. Barré. *Paris*, 1854, gr. in-8 illustré par Gustave Doré.

674 — 56 Le Roman comique, par Scarron, nouv. éd. précédée d'une notice par P. Christian. *Paris*, 1846 in-18, d.-rel. mar.

675 — 57 Aventures de Télémaque, par Fenélon, précédées d'une notice biogr. et litt. sur Fenélon, par M. Villemain. *Paris, Emler*, 1829, 2 vol. in-8. mar. v. dent. (*Chiffre.*)

676 — 58 Les Aventures de Télémaque, suivies des Aventures d'Aristonoüs, précédées d'une notice sur la vie et les ouvrages de Fenélon, par J. Janin. *Paris, Bourdin*, gr. in-8, mar. n. fil., gauf., *figures sur chine.* (*Chiffre sur les plats.*)

677 — 59 Le Diable Boiteux, par Lesage, illustré par Tony Johannot, précédé d'une notice sur Lesage, par M. J. Janin. *Paris, E. Bourdin*, 1840, gr. in-8. mar. noir. (*Chiffre R. sur les plats.*)

678 — 60 Paul et Virginie, suivis de la Chaumière indienne, par Bernardin de Saint-Pierre. *Paris*, 1833, in-8, mar. viol. fil., tr. dor., *figures et portrait.*

678 bis 61 OEuvres Complètes de Mad. Cottin, avec une notice sur sa vie et ses écrits. *Paris*, 1820, 5 vol. in-8, d.-rel., mar. vert, *portrait et figures.*

679 — 62 OEuvres complètes de Mad. Riccoboni, nouv. éd., avec une notice sur la vie et les ouvrages de l'auteur, et ornée de six gravures. *Paris*, 1818, 6 vol. in-8. d.-rel., mar. r.

680 — 63 OEuvres de Xavier de Maistre. *Paris*, 1828, 2 vol. in-8, d.-rel., mar. vert.

Voyage [autour de ma chambre. — Expédition nocturne autour de ma chambre. — Le Lépreux de la cité d'Aoste. — La Jeune Sibérienne.

681 — 64 Corinne, ou l'Italie, par Mad. la baronne de Staël. *Paris, Treuttel et Würtz*, 1829, 2 vol. in-8, mar. bl. dent., tr. dor. (*Chiffre.*)

682 — 65 OEuvres de Frédéric Soulié. *Paris*, 1844, 12 tom. en 6 vol. in-8, d.-rel., mar. bleu.

Le Conseiller d'État. — Les Deux Cadavres. — Les Mémoires du Diable.

683 — 66 OEuvres d'Eugène Sue. *Paris*, 1840-1845, 22 tom. en 12 vol. in-8, d.-rel., mar. r.

Deux Histoires. — Latréaumont. — Le Commandeur de Malte. — Le Marquis de Létorière. — Le Morne au Diable. — Thérèse Dunoyer. — Arthur. — Mathilde.

684 — 67 Le Diable médecin, par Eugène Sue. *Paris*, 1855, 7 vol. in-8 br.

685 — 68 OEuvres d'Alexandre Dumas. *Paris*, 1836-48, 89 tom. en 47 vol. in-8, d.-rel., mar. vert.

Souvenirs d'Antony. — Georges. — Cecille. — Pauline. — Fernande. — Ascanio. — Isabel de Bavière. — Le Maître d'armes. — La Reine Margot. — La Dame de Monsoreau. — Les Quarante-Cinq. — Les Trois Mousquetaires. — Vingt ans après. — Le Vicomte de Bragelonne.

686 — 69 OEuvres de Charles Nodier. *Paris*, 1832-1837, 12 tom. en 11 vol. in-8, d.-rel., mar. vert.

Romans, Contes et Nouvelles. — Études historiques. — Souvenirs et Portraits. — Souvenirs de jeunesse. — Contes. — Dernier Chapitre de mon roman.

687 — 70 OEuvres de Georges Sand. *Paris*, 1833-1844, 22 tom. en 11 vol. in-8, d.-rel., mar. vert.

Lélia. — Leone Leoni et Simon. — Secrétaire intime. — La Marquise. — Jacques. — Mauprat. — Valentine. — Indiana. — Consuelo.

688 — 71 OEuvres de Jules Sandeau. *Paris*, 1839-1849, 13 tom. en 7 vol. in-8, d.-rel., mar. bleu.

Marianna. — Le Docteur Herbeau. — Vaillance et Richard. — Mademoiselle de Kerouare. — Mademoiselle de la Seiglière. — Un Héritage. — La Chasse au Roman.

689 — 72 OEuvres de Prosper Mérimée. *Paris*, 1828-1846, 7 vol. in-8, d.-rel., mar. gren.

Théâtre de Clara Gazul. — Scènes féodales. — Chronique de Charles IX. — La Double Méprise. — Mosaïque. — Colomba. — Carmen.

690 — 73 OEuvres de Mad. Charles Reybaud. *Paris*, 1836-50, 10 vol. in-8, d.-rel., mar. bl.

691 — 74 Victor Hugo. Notre-Dame de Paris, édit. illustrée d'après les dessins de Tony Johannot, etc. *Paris, Perrotin*, 1844, gr. in-8, mar. bleu fil., tr. dor., *figures*.

692 — 75 Eugénie Grandet, par de Balzac. *Paris, Charpentier*, 1841, in-18, d.-rel., mar. r.

694 — 76 La Confession d'un enfant du siècle, par Alfred de Musset. *Paris, Charpentier*, 1845, in-8, mar. noir. (*Chiffre sur les plats.*)

695 — 77 Jocelyn, par A. de Lamartine. *Paris*, 1841, gr. in-8, mar. n., fil., gauf., tr. dor., *figures*.

696 — 78 Les Deux Héritages, suivis de l'Inspecteur général et des débuts d'un aventurier, par Prosper Mérimée. *Paris*, 1853, in-18, d.-rel., mar. r.

697 — 79 Emile. Fragments, par Emile de Girardin. *Paris, Desrez* (1827-1839), in-8, maroq. corinthe, dent., tr. dor.

698 — 80 Le Fou du Palais-Royal, par F. Cantagrel. *Paris*, 1845, in-18, mar. v.

699 — 81 Romans de Mme de Cubières. *Paris*, 1837, 4 vol. d.-rel. mar. grenat.

700 — 82 La Duchesse de Bragance, par Mme Bonnejoy-Pérignon. *Paris, Magen*, 1840, 2 vol. in-8, mar. noir. (*Chiffre sur les plats.*)

Envoi d'auteur autogr. signé.

701 — 83 Souvenirs de la vie militaire en Afrique, par le comte P. de Castellane. *Paris, V. Lecou,* 1852, in-18, v. fauve. (*Bel exemplaire.*)

702 — 84 Contes de Boccace (le Décaméron), traduits de l'italien par A. Barbier. *Paris,* 1846, gr. in-8, d.-rel. mar. viol., *figures.* (Chiffre.)

703 — 85 La Jérusalem délivrée, traduction nouvelle et en prose par Philippon de la Madelaine, augmentée d'une description de Jérusalem, par A. de Lamartine. *Paris,* 1841, gr. in-8, mar. n., fil. gauf., *figures.* (*Chiffre sur les plats.*)

704 — 86 La Jérusalem délivrée, traduite en vers français par P.-L. Baour-Lormian. *Paris, Delaunay,* 1819, 3 vol. in-8, mar. vert, dent., figures. (Chiffre.)

705 — 87 Roland Furieux, traduit de l'Arioste par le comte de Tressan. *Paris, Nepveu,* 1822, 3 vol. in-8, mar. v., dent., tr. dor., figures. (*Chiffre.*)

706 — 88 Arioste. Roland Furieux, traduction nouvelle en prose par Philippon de la Madelaine. *Paris,* 1844, gr. in-8, d.-rel., mar. viol., tr. dor., *grand nombre de figures par Tony Johannot, Baron, Nanteuil,* etc.

707 — 89 Œuvres de Walter Scott, traduites par Defauconpret. *Paris, Furne,* 1836, 30 vol. in-8, mar. rouge, dent., tr. dor., figures. (*Chiffre.*)

708 — 90 Œuvres de J.-F. Cooper, traduites par Defauconpret. *Paris, Furne,* 1839-52, 30 vol. in-8, d.-rel. mar. viol., figures.

709 — 91 Œuvres complètes de Sterne et œuvres choisies de Goldsmith, trad. par M. Francisque Michel. *Paris,* 1838, gr. in-8, d.-rel., figures.

710 — 92 Clarisse Harlowe, par J. Janin, précédée d'un Essai sur la vie et les ouvrages de l'auteur de Clarisse Harlowe, Samuel Richardson. *Paris, Amyot,* 1842, 2 vol. in-18, mar. noir. (*Chiffre sur les plats.*)

711 — 93 Tom Jones ou Histoire d'un enfant trouvé, par Fielding. *Paris, Didot,* 1833, 4 vol. in-8, mar. viol., fil., tr. dor., *figures.* (Chiffre.)

712 — 94 Aventures de Robinson Crusoé, par Daniel de Foë, trad. par Mme A. Tastu. *Paris, Didier*, 1837, 2 vol. in-8, mar. bleu, dent., tr. dor., 50 gravures sur acier. (*Chiffre.*)

713 — 95 Asiatic Chiefs. By J. Szeredy. *London, Longman*, 1855, petit in-8, sur pap. saumon, rel. en satin gris, avec envoi d'auteur à Mlle Rachel sur la reliure. (T. 1er.)

714 — 96 Lilly. A novel. By the author of the Busy moments of an idle Woman. *New-York*, 1855, in-8, carton gauf.

Envoi autogr. de l'auteur à Mademoiselle Rachel. Charleston, 12 décembre 1855.

715 — 97 Choix de nouvelles russes de Lermoutof Poukine, Von Wiesen, etc., trad. du russe par Chopin. *Paris*, 1843, in-18, d.-rel. mar. r.

716 — 98 Histoire de Gil Blas de Santillane, par Lesage. *Paris*, 1838, gr. in-8, mar. n., fil., gauf., *figures*. (Chiffre sur les plats.)

717 — 99 Histoire de Gil Blas de Santillane, par Le Sage. *Paris, P. Didot l'aîné*, 1819, 3 vol. in-8, pap. vél., mar. vert, dent., tr. dor. (*Chiffre.*)

718 — 100 Don Quichotte de la Manche, trad. de l'espagnol de Michel Cervantes, par Florian. *Paris*, 1835, 3 vol. in-8, mar. bleu, fil., tr. dor., *figures*. (*Chiffre.*)

THÉATRE.

719 — 101 Histoire de la littérature dramatique, par J. Janin, *Paris, Michel Lévy*, 1853, 2 vol. in-18, d.-rel. maroq. r.

720 — 102 Études sur l'Art théâtral, suivies d'anecdotes inédites sur Talma, etc., par Mme veuve Talma. *Paris*, 1833, in-8o, d.-rel. Portrait.

721 — 103 De l'Influence des mœurs sur la Comédie, par A. Perlet. *Paris*, 1848, in-8o, d.-rel. maroq. br.

722 — 104 Proverbes dramatiques de Théodore Leclercq. *Paris*, 1835, 7 vol. in-8o, d.-rel. v. vert, *figures*.

Manque le tome VIIe.

723 — 105 Coup d'œil sur les représentations de Mlle Rachel, à Amsterdam, par A. van Lée. *Amsterdam*, 1846, in-8°, v. fau.

Sur la garde se trouve un dessin de l'auteur, à l'encre de Chine.

724 — 106 Théâtre des Grecs, trad. par le P. Brumoy, 2e édit., complète, augmentée d'un choix de fragments des poëtes grecs, par M. Raoul-Rochette. *Paris*, 1826, 16 vol. in-8°, maroq. viol., fil. tr. dor, *papier vélin, figures et portraits*. (Chiffre).

725 — 107 Théâtre complet des Latins, par J.-B. Levée et l'abbé Le Monnier. *Paris*, 1820, 15 vol. in-8°, maroq. corinthe, fil. tr. d'or, *papier vélin*. (Chiffre).

726 — 108 Répertoire du Théâtre Français ou Recueil des tragédies et comédies restées au théâtre depuis Rotrou, avec des notes sur chaque auteur, et l'examen de chaque pièce, par Petitot. *Paris*, *Foucault*, 1817, 33 vol. in-8°, maroq. n., figures. (Chiffre *R* sur les plats).

727 — 109 Théâtre de P. Corneille, avec les commentaires de Voltaire. *A Paris*, *de l'imprimerie de P. Didot l'aîné*, 1805, 10 vol. in-4°, gr. pap. vél., d.-rel. maroq. n. (Plats en t. ch. avec chiffre.)

728 — 110 Chefs-d'Œuvre de T. Corneille. *Paris*, *Debure*, 1825, in-16, bas. portr.

729 — 111 Chefs-d'Œuvre de P. et T. Corneille, revus sur les dernières éditions originales, précédés de l'éloge de P. Corneille, par Victorin Fabre. *Paris*, 1833, 6 vol. in-8°, v. fau. fil. tr. dor. (rel. anglaise.)

Très-bel exemplaire.

730 — 112 Chefs-d'Œuvre de Pierre et de Thomas Corneille. *Paris*, *P. Didot*, 1814, 5 vol. in-8° maroq. viol. fil. tr. dor. *pap. vél.* (Chiffre.)

On a supprimé dans les œuvres de Thomas seulement quelques passages, en y collant des fragments de papier.

731 — 113 Œuvres complètes de J. Racine, avec les notes de tous les commentateurs, publ. par Aimé-Martin. *Paris*, *Lefèvre*, 1825, 7 vol. in-8°, v. rose, dent.

Excel. pap. vélin, de la coll. des Classiques français.

732 — 114 OEuvres de Molière, précédées d'une notice sur sa vie et ses ouvrages, par M. Sainte-Beuve, vignettes par Tony Johannot. *Paris, Paulin,* 1835, 2 vol. gr. in-8°, d.-rel. maroq. viol., figures.

733 — 115 OEuvres de Molière, avec des notes de tous les commentateurs. *Paris, Didot,* 1850, 2 vol. in-18, d.-rel.

734 — 116 OEuvres de J.-F. Regnard. *Paris, Didot,* 1819, 4 vol. in-8°, maroq. n. fil. gauf. *pap. vél.* (Chiffre sur les plats.)

735 — 117 OEuvres de Crébillon. *P. Didot l'aîné,* 1828, 2 vol. in-8°, pap. vél., maroq. bleu, dent. tr. d'or. (Chiffre.)

736 — 118 OEuvres de Ducis. *Paris, Lemoine,* 1826, 6 t. en 3 vol. in-32, v. bl. gauf.

737 — 119 OEuvres de Casimir Delavigne, de l'Ac. franç. *Paris, Didier,* 1850, 6 vol. in-8°, pap. vél., d.-rel. maroq. r., figures d'ap. A. Johannot.

738 — 120 OEuvres complètes de M. Eugène Scribe, de l'Ac. franç. *Paris, Furne,* |1840-50, 7 vol. gr. in-8°, d.-rel. maroq. r., fig.

739 — 121 Théâtre complet de F. Ponsard. *Paris, M. Lévy,* 1852, in-18, v. fau. (*Niédrée.*)

Envoi autogr. de l'auteur à Mlle Rachel.

740 — 122 Théâtre d'Émile Augier, in-18, d.-rel. maroq. v. (La Ciguë. — Un homme de bien. — L'Aventurière. — Gabrielle. — Le joueur de flûte.)

Envoi d'auteur autogr. signé à Mlle Rachel.

741 — 123 Sapho, opéra en trois actes, par Émile Augier. *Paris,* 1851, in-18, br.

Envoi autogr. S., trois lignes, à Mlle Rachel.

742 — 124 Alexandre Dumas. Théâtre. *Paris, Gosselin,* 1843, 3 vol. in-18, anglais, maroq. n., fil. (*Chiffre et envoi d'auteur.*)

743 — 125 Rosemonde, tragédie en un acte, en vers, par Latour-Saint-Ybars. *Paris,* 1855, in-18. maroq. Laval, tr. dor.

Neuf lignes d'envoi autogr. sig. à Mlle R.

744 — 126 Macbeth, en cinq actes et en vers, par Emile Deschamps, in-18, rel. en maroq. v.

Envoi autogr. sig. de l'auteur, en vers.

745 — 127 Charlotte Corday, trag. en cinq actes et en vers, par F. Ponsard. *Paris*, 1850, gr. in-8°, pap. vél. br. — Agnès de Méranie, par le même, gr. in-8°, br.

Envoi d'auteur autogr. sig. à Mlle Rachel.

748 — 128 Agamemnon, tragédie d'Alfieri, traduite de l'italien en vers français, par Mme Joséphine de Roinville, 1856.

Manuscrit signé Joséphine de Roinville.

749 — 129 Le Testament de César, drame en cinq actes, par Jules Lacroix. *Paris*, 1849, gr. in-8°, pap. vél. br.

Envoi d'auteur autogr. sig. à Mlle Rachel.

750 — 130 Valeria, drame en cinq actes, en vers, par Auguste Maquet et Jules Lacroix. *Paris*, 1851, in-18, maroq. fau., doublé de moire blanche, rel. par Despierres.

Charmant exemplaire sur pap. vélin fort.— Exemplaire unique, offert à Mlle Rachel par les auteurs de Valeria.

751 — 131 Les Noces Vénitiennes, drame en cinq actes, par Victor Séjour. *Paris*, 1855, in-18, maroq. r. dent., tr. dor.

Ex. pap. vélin, avec envoi autogr. sig. de l'auteur, à Mlle Rachel.

752 — 132 La Bourse, comédie en cinq actes, en vers, par F. Ponsard. *Paris*, 1856, in-18, d.-rel, maroq. r.

Envoi d'auteur sig. à Mlle Rachel.

753 — 133 L'Honneur et l'Argent, comédie, par F. Ponsard. *Paris, M. Lévy*, 1853, in-18, d.-rel.

Envoi autogr. sig. à Mlle Rachel.

754 — 134 L'Honneur et l'Argent, par Ponsard. *Paris, M. Lévy*, 1853, in-18, v. fau. (*Niédrée.*)

755 — 135 Le Bourgeois de Gand. — Le dernier Marquis. — Catherine II, par Romand (extr. de la France dramat.), gr. in-8°, maroq. v. fil. tr. dor.

756 — 136 Edith de Falsen, par Ernest Legouvé. *Paris*, 1852, in-18, d.-rel. ch. n.

Envoi autogr. sig.

757 — 137 Chefs-d'Œuvre des théâtres étrangers (allemand, anglais, chinois, danois, espagnol, hollandais, indien, italien, polonais, portugais, russe, suédois), traduits par Aignan, Andrieux, de Barante, Guizot, Ch. Nodier, Villemain, etc. *Paris, Ladvocat*, 1822, 25 vol. in-8°, gr. pap. vél., maroq. n. fil. (Chiffre *R* sur les plats,)

758 — 138 The dramatic Works of William Schakespeare with remarks on his live and Writings by Thomas Campbell. *London*, 1838, in-8°, maroq. bleu., fil. encad., *tranche ciselée et dorée, titre gravé et portrait.*

759 — 139 Œuvres complètes de Shakespeare, trad. de l'anglais, par Letourneur, nouv. éd., publ. par F. Guizot. *Paris, Ladvocat*, 1821, 13 vol. in-8°, maroq. v., dent. tr. dor. *portrait.* (Chiffre).

760 — 140 Galerie des personnages de Shakspeare, reproduits dans les principales scènes de ses pièces, avec une analyse succincte de chacune des pièces de Shakspeare, et la reproduction en anglais et en français des scènes auxquelles se rapportent les quatre-vingts gravures dont cet ouvrage est orné, par A. Pichot et Old Nick. *Paris, Baudry*, 1844, gr. in-4°, maroq. viol., riche dorure.

Envoi de M. J. Janin, autogr. sig., à Mlle Rachel.

761 — 141 The Pictorial édition of the Works of Shakspeare. Edited By Charles Knight. (*Histories, 2 vol. — Comedies, 2 vol. — Tragédies, 1 vol. (t. IV.) London*, gr. in-8°. cart. fig. en bois.

762 — 142 Galerie des femmes de Shakspeare. Collection de 45 portraits, gravés par les premiers artistes de Londres, enrichie de notices critiques et littéraires. *Paris, Delloye*, gr. in-8°, d.-rel. v.

763 — 143 Œuvres dramatiques de J.-W. Goëthe, trad. de l'allemand, par Stopfer. *Paris, Al. Mesnier*, 1828, 4 vol. in-8°, maroq. corinthe dent. tr. dor. (Chiffre.)

764 — 144 Goethe's gedichte. *Stuttgart*, 1851, in-18, rel. en perc. gauf. fig. — Egmond, von Goëthe. *Stuttgardt* 1855, in-18, rel. en perc.

765 — 145 Schiller's Sammtliche Werke in einem Bande. *Stuttgardt*, 1834, gr. in-8°, dos et coins de maroq. v., *portrait*. (Chiffre sur les plats.)

Envoi en italien, signé E. de F.

766 — 146 Œuvres dramatiques de F. Schiller, traduites de l'allemand. *Paris*, 1821, 6 vol. in-8°, maroq. viol., fil. tr. dor., *portrait*. (Chiffre.)

767 — 147 Three to one, a comedy, in two acts. *London, J. Hearne*, 1850, gr. in-8°, cart.

Envoi d'auteur à Mlle Rachel.

Pièces de théâtre ayant servi à Mlle Rachel pour l'étude de ses rôles.

768 — 148 CINNA, trag. en cinq actes, de Corneille.

769 — 149 LES HORACES, trag. en cinq actes, de Corneille.

770 — 150 ANDROMAQUE, trag. en cinq actes, de Racine.

771 — 151 TANCRÈDE, trag. en cinq actes, de Voltaire.

772 — 152 IPHIGÉNIE EN AULIDE, trag. de Racine.

773 — 153 MITHRIDATE, trag. en cinq actes, de Racine.

774 — 154 BAJAZET, trag. en cinq actes, de Racine

775 — 155 ESTHER, trag. en cinq actes, de Racine.

776 — 156 NICOMÈDE, trag. en cinq actes, de P. Corneille.

777 — 157 MARIE STUART, trag. en cinq actes, de P. Lebrun.

778 — 158 ARIANE, trag. en cinq actes et en vers, de T. Corneille.

Variantes manusc. autogr., de Mlle Rachel.

779 — 159 Le Cid, trag. en cinq actes, de Corneille.

Deux notes autogr. manusc., dont une signée Rachel.

780 — 160 Frédégonde et Brunehaut, trag. en cinq actes, par N. Lemercier.

781 — 161 Polyeucte, trag. en cinq actes, de Corneille, in-8°.

782 — 162 Phèdre, trag. en cinq actes, de Racine.

783 — 163 Angelo, drame en trois journées, de Victor Hugo, in-8°.

Nombreuses variantes et annotations, manusc. à l'encre et au crayon, de Mlle Rachel.

784 — 164 Britannicus, trag. de Racine, in-8°.

785 — 165 Le Misanthrope, de Molière, in-8°.

786 — 166 Athalie, trag. de Racine. *Paris*, 1817, in-8°.

787 — 167 Don Sanche d'Aragon, comédie héroïque, de Corneille, mise en trois actes, par Megalbe. *Paris*, 1833, in-8°. (*Nomb. variantes manusc.*).

788 — 168 Virginie, trag. en cinq actes, par Latour de Saint-Ybars. *Paris*, 1845, gr. in-8°.

Quelques notes manusc. au crayon, de Mlle Rachel.

789 — 169 Catherine II, trag. en cinq actes, par H. Romand. *Paris*, 1844, gr. in-8°.

790 — 170 Le Vieux de la Montagne, trag. en cinq actes, par Latour de Saint-Ybars. *Paris*, 1847, gr. in-8°.

Envoi d'auteur autogr. sig.

791 — 171 Adrienne Lecouvreur, comédie-drame en cinq actes, en prose, par MM.-Scribe et Ernest Legouvé, in-8° cart.

Pièce d'étude de Mlle Rachel, avec deux notes autogr. de sa main (variantes).

792 — 172 Cléopatre, trag. en cinq actes, en vers, par Mme Émile de Girardin. — *Paris*, 1847, in-8°, maroq. n., tr. dor. (*Exempl. d'étude.*)

Envoi autogr. de l'auteur à Mlle Rachel.

---

793 — 173 TRAGÉDIES JOUÉES PAR Mlle RACHEL, PIÈCES D'ÉTUDE, REL. EN TOILE AVEC NOM SUR LE PLAT. — Andromaque. — Bajazet. — Polyeucte. — Phèdre. — Les Horaces.

PIÈCES D'ÉTUDE A L'USAGE DE TALMA

794 — 174 Misanthropie et Repentir, drame en cinq actes et en prose, du théâtre allemand de Kotbzuë, trad. par Bursay. *Paris*, an VII, in-8°, cart.

De nombreux changements de scènes et variantes autogr., manusc. de Talma.

795 — 175 Adélaïde Du Guesclin, trag. en cinq actes, en vers, de Voltaire. *Paris*, 1806, in-8°, cart.

Exemplaire d'étude de Talma. — Le dernier feuillet est manuscrit, avec trois vers autogr. du célèbre tragédien.

796 — 176 OEdipe, trag. rétablie en trois actes, de Voltaire, publiée avec une préface, par M. ***, in-8°, br.

La préface est manuscrite, tous les feuillets formés de deux exemp. sont remontés sur papier, avec variantes manusc. autogr. de Talma.

797 — 177 Gabrielle de Vergy, trag. en cinq actes et en vers, par de Belloy. *Paris*, 1813, in-8°, cart.

Exempl. de Talma, avec vingt et une lignes, et quelques variantes manusc. autogr.

---

798 — 178 Album de trente-six sujets gravés, des principales scènes de la comédie française (costumes Louis XV), color. d.-rel. maroq.

799 — 179 Costume de dame de la cour (1540), à l'aquarelle, par Pichat.

800 — 180 Costumes de théâtre, à l'aquarelle, par A. Geniol (3).

801 — 181 Geschichte der oper und des Koeniglichen opernhauses in Berlin von L. Schneider. *Berlin*, 1852, in-fol., rel. en perc. gauf.; costumes color. et pl. noires.

802 — 182 Album russe, contenant deux scènes dramatiques tirées des œuvres du célèbre poëte Pouchkin. In-4°, rel. en maroq.

Ce recueil, offert à Mlle Rachel, lors de son séjour en Russie, est précédé d'un portrait photogr. de Chtchepkin, célèbre acteur moscovite. — Une pièce de vers à Mlle Rachel (manuscrite). — Deux vues de Mocou représentant le palais de l'Empereur au Kremlin (photogr.). — Scènes dramatiques de Pouchkin, manusc. (en russe), avec les deux principales scènes, à l'aquarelle, par Sokolof.

ÉPISTOLAIRES.

800 — 183 Lettres inédites de Marie-Stuart, accompagnées de diverses dépêches et instructions (1558-1587), publiées par le prince Alexandre Labanoff. *Paris*, 1839, gr. in-8, maroq. n.

Envoi d'auteur autogr. sig.

801 — 184 Lettres de Madame de Sévigné, de sa famille et de ses amis, avec portraits, vues et *fac simile*. *Paris, Blaise*, 1820, 10 vol. (*Manque tome Ier.*) — Mémoires de M. de Coulanges, publ. par M. de Montmerqué, 1 vol., figures et *fac simile*. Ensemble 10 vol. au lieu de 11, maroq. corinthe, dent., tr. dor. (*Chiffre.*)

802 — 185 Lettres persanes, par Montesquieu, suivies de ses Œuvres diverses. *De l'impr. de P. Didot l'aîné*, 1820, 3 vol. in-8. maroq. bleu, dent., tr. dor., pap. vél. (*Chiffre.*)

803 — 186 Lettre de la marquise de M***, au comte de R***, par de Crébillon fils. *A La Haye*, 1828, in-12, v. br.

Exemplaire de Mademoiselle Clairon.

POLYGRAPHE.

804 — 187 Œuvres complètes de Montesquieu, avec des Notes de Dupin, Crévier, Voltaire, etc. *Paris. Didot*, 1838, gr. in-8, d.-rel., maroq. vert. (*Portrait.*)

805 — 188 Voltaire. Œuvres diverses. *Paris, impr. de P. Didot l'aîné*, 1820, 19 vol. in-8, maroq. rouge, dent. (*Chiffre.*)

Théâtre. — Poésie. — Siècle de Louis XIV. — La Henriade. — Charles XII.

806 — 189 Œuvres complètes de Buffon, avec les descriptions anatomiques de Daubenton. *Paris, Verdière*, 1824, 41 vol. — Œuvres de Lacépède. *Paris*, 1826. 11 vol. Ensemble 52 vol. in-8, d.-rel., maroq. viol., fig. col.

807 — 190 Œuvres complètes de J.-J. Rousseau, avec des éclaircissements et des notes historiques par P.-R. Auguis. *Paris*, *Dalibon*, 1825, 27 vol. in-8, d.-rel., maroq. v.

808 — 191 Œuvres complètes de J.-H. Bernardin de Saint-Pierre, publ. par L. Aimé-Martin. *Paris*, 1830, 12 vol. in-8, d.-rel., maroq. bleu.

809 — 192 Châteaubriand. Génie du Christianisme, 3 vol. — Littérature anglaise, 2 vol. — Les Martyrs, 2 vol. — Le Paradis perdu, 2 vol. — Itinéraire de Paris à Jérusalem, 2 vol. — Atala. — Réné. — Le dernier Abencérage. — Poésie, 1 vol. Ensemble 12 vol. in-8, maroq. bleu, dent., tr. dor. (*Chiffre.*)

810 — 193 Œuvres complètes d'Élisa Mercœur, de Nantes. *Paris*, 1843, 3 vol. in-8, d.-rel., maroq. vert, portrait, *fac simile*.

811 — 194 Œuvres de M. A. de Lamartine. *Paris, Furne*, 1836-50, 26 vol. in-8, maroq. n. (*Chiffre sur les plats.*)

Méditations poétiques. — Harmonies poétiques et religieuses. — Voyage en Orient. — Jocelyn. — La Chute d'un ange. — Recueillements poétiques. — Les Girondins. — Révolution de 1848. — Les Confidences. — Raphaël. — Toussaint-Louverture.

Envoi de l'auteur à Mademoiselle Rachel, autogr. sig.

812 — 195 Œuvres complètes de Lamartine. *Paris, Ch. Gosselin et Furne*, 1836, 4 vol. gr. in-8, maroq. violet, tr. dor.

Superbe exemplaire revêtu d'une riche reliure anglaise en maroq. à larges dentelles, plusieurs suites de figures anglaises et françaises ajoutées. (*Chiffre sur les plats.*)

813 — 196 Œuvres littéraires de M. Ch. Liadières. (Théâtre. — Poésies. — Études historiques.) *Paris*, 1851, in-18, d.-rel., maroq. rouge.

Envoi d'auteur, aut. sig. à Mlle Rachel.

814 — 197 Œuvres d'Alfred de Vigny. *Paris*, 1837, 7 vol. in-8, d.-rel., v. rose.

Cinq-Mars. — Servitudes et grandeur militaire. — Théâtre en vers. — Théâtre. — Stello. — Poëmes.

815 — 198 Œuvres de Victor Hugo, de l'Académie française. *Paris, Furne*, 1841-46, 16 vol. in-8, pap. vél., maroq. n., fig. (*Chiffre sur les plats.*)

Envoi autogr. à Mademoiselle Rachel.

816 — 199 Œuvres complètes de N. Machiavelli, avec une Notice biographique par J.-A. Buchon. *Paris*, 1842, 2 vol. gr. in-8, d.-rel., maroq. bleu.

HISTOIRE.

HISTOIRE ANCIENNE ET MODERNE.

817 — 200 Discours sur l'Histoire universelle, par J.-B. Bossuet, précédé d'une Notice littéraire, par Tissot. *Paris, Curmer*, 2 vol. gr. in-8, maroq., noir, tr. dor., texte à encadrements, figures. (*Chiffre R. sur les plats.*)

818 — 201 Discours sur l'Histoire universelle, par Bossuet. *Paris, Didot l'aîné*, 1814, 2 vol. in-8, pap. vél., maroq. vert, dent., tr. dor. (*Chiffre.*)

819 — 202 Œuvres de Salluste, traduct. nouvelle par Ch. du Rozoir. *Paris, Panckoucke*, 1835, 2 vol. in-8, maroq. n. (*Andrieux.*) *Chiffre sur les plats.*

820 — 203 Œuvres de Tacite, traduites par C.-L.-F. Panckoucke. *Paris, Panckoucke*, 1837, 7 vol. in-8, maroq. n. (*Andrieux*). *Chiffre sur les plats.*

821 — 204 Histoire romaine de Tite-Live, trad. nouv. par Liez, Dubois, Verger. *Paris, Panckoucke*, 1830, 17 vol. in-8, maroq. n. (*Andrieux.*) *Chiffre sur les plats.*

822 — 205 Rome au siècle d'Auguste, ou Voyage d'un Gaulois à Rome, à l'époque du règne d'Auguste et pendant une partie du règne de Tibère. etc., par Dezobry. *Paris*, 1846, 4 vol. in-8, mar. n., fil. gauf., *figures et cartes.* (*Chiffre.*)

823 — 206 Histoire générale de la civilisation en Europe, depuis la chute de l'empire romain jusqu'à la Révolution française, par M. Guizot. *Paris*. 1842, 5 vol. in-8, d.-rel., maroq. n. *Portrait.*

824 — 207 Histoire de France depuis les temps les plus reculés jusqu'en 1789, par Henri Martin. *Paris*, 1838, 19 vol. in-8, maroq. noir, fil. (*Chiffre sur les plats.*)

825 — 208 Histoire de France, par M. Michelet. *Paris*, 1833, 6 vol. in-8, d.-rel., maroq. v.

826 — 209 Histoire des Français depuis les Gaulois jusqu'en 1830, par Théophile Lavallée. *Paris*, *Hetzel*, 1845, 2 vol. grand in-8, rel. en perc., gauff., tr. dor., figures.

827 — 210 Nouvelle collection de Mémoires pour servir à l'Histoire de France, depuis le XIIIe siècle jusqu'à la fin du XVIIIe, par Michaud et Poujoulat. *Paris*, 1836, 32 vol. gr. in-8, d.-rel., maroq. v.

828 — 211 Les Historiettes de Tallemant des Réaux (Mémoires pour servir à l'Histoire du XVIIe siècle), publ. par M. de Monmerqué. *Paris*, *Delloye*, 1840, 10 t. en 5 vol. in-18, d.-rel., maroq. bl., portr.

829 — 212 Mémoires complets et authentiques du duc de Saint-Simon sur le siècle de Louis XIV et la régence, publ. par le marquis de Saint-Simon. *Paris*, *Delloye*, 1841, 40 t. en 20 vol. in-18, d.-rel., maroq. n., portr.

830 — 213 Souvenirs de la marquise de Créquy, de 1710 à 1803. *Paris*, *Delloye*, 1842, 10 t. en 5 vol. in-18, d.-rel., maroq. v., portr.

831 — 214 Histoire de la Révolution française, par M. A. Thiers. *Paris*, *Furne*, 1842, 10 vol. in-8, maroq. n., fil. gauf., *figures*. (Chiffre sur les plats.)

832 — 215 Mémoires de Madame la duchesse d'Abrantès, ou Souvenirs historiques sur Napoléon, la Révolution, etc. *Paris*, 1835, 12 vol. in-8, d.-rel., maroq. gren.

833 — 216 Histoire de dix ans, 1830-1840, par Louis Blanc. *Paris*, 1844, 5 vol. in-8, d.-rel., maroq. bleu.

834 — 217 Histoire de la Révolution de Février jusque et y compris le siége de Rome, par Jules Leconte. *Paris*, 1850, gr. in-8, maroq. rose, fil. encadr., tr. dor., *figures noires et coloriées*. (Armes sur le plat.)

Envoi d'auteur à Mlle Rachel.

835 — 218 Œuvres de Vitet. *Paris*, 1827-29. 4 vol. in-8, d.-rel., maroq. bleu.

Les Barricades. — Les États de Blois. — Les États d'Orléans. — La Mort de Henri III.

836 — 219 Histoire des ducs de Bourgogne de la maison de Valois (1364-1477), par M. de Barante. *Paris, Delloye*, 1839, 13 vol. in-8, maroq. noir, dont un de figures sur chine. (*Chiffre sur les plats.*)

837 — 220 La Bretagne, par M. J. Janin. *Paris*, gr. in-8, maroq. n., fil. gauf., *portraits, figures, costumes et armoiries coloriés*. (Chiffre sur les plats.)

838 — 221 Bretagne et Vendée, histoire de la Révolution française dans l'ouest (complément de la Bretagne ancienne et moderne), par Pitre-Chevalier. *Paris*, gr. in-8, d.-rel., maroq. viol., tr. dor., *figures et armoiries coloriées*.

839 — 222 Histoire des Républiques italiennes du moyen âge, par Sismonde de Sismondi. *Paris*, *Furne*, 1840, 10 vol. in-8, d.-rel., maroq. gren., fig.

840 — 223 Itinéraire de Rome et de ses environs, rédigé par feu A. Ribby, d'après Vasi. *Rome*, 1847, in-8, cart., figures.

Exemplaire de M. de Custine. — Sur la garde, notes manusc. de Mlle Rachel, au crayon. Rome, 12 nov. 1851.

841 — 224 Histoire d'Angleterre, par David Hume, continuée jusqu'à nos jours, par Smolett, Adolphus et Aikin, trad. nouv. par Campenon. *Paris*, *Furne*, 1839, 13 vol. in-8, d.-rel., maroq. viol., figures de T. Johannot.

842 — 225 Histoire de la conquête de l'Angleterre par les Normands. Lettres sur l'Histoire de France pour servir d'introduction à l'étude de cette histoire, par Augustin Thierry. *Paris, Tessier,* 1838, 7 vol. in-8 et atlas in-4, maroq. n., fil., *figures sur papier de Chine.* (Chiffre sur les plats.)

843 — 226 La Grande-Bretagne en 1833, par M. le baron d'Haussey; *Paris,* 1834, 2 vol. in-8., maroq. n. Portrait. (*Chiffre sur les plats*).

844 — 227 L'Irlande et le pays de Galles, esquisses de voyages, d'économie politique, etc., par A. Pichot. *Paris,* 1850, 2 vol. in-8, dem. rel. mar., Lavallière, *Portrait.*

845 — 228 Egypte ancienne, par M. Champollion-Figeac. *Paris, Didot,* 1840, in-8, dem. rel., figures.

846 — 229 Egypte moderne, depuis la conquête des Arabes jusqu'à la domination française, par J.-J. Marcel. *Paris, Didot,* 1848, in-8 br., fig.

847 — 230 A Popular account of the ancient Egyptians. By sir J. Gardner Wilkinson. *London. J. Murray,* 1854, 2 vol. in-8, cart. en percal. nombr. figures gravées en bois.

848 — 231 The nile Boat; or climpses of the Land of Egypt; by W. H. Bartlett, *London,* 1852, gr. in-8, cart. en percal. gauff., pap. vél., nombr. figures finement gravées et cartes.

849 — 232 Guerre d'Orient. — Campagnes d'Egypte et de Syrie (1798-1799). — Mémoires pour servir à l'Histoire de Napoléon, dictés par lui-même à Sainte-Hélène, et publiés par le général Bertrand. *Paris,* 1847, 2 vol. in-8. et atlas in-fol. maroq. bl. du levant, à encad., tr. dor. (*Chiffres et couronne sur les plats*).

Sur la garde un envoi autogr. signé Arthur Bertrand, de 12 lig. 15 mai 1847.

850 — 233 Russia on the Black sea and sea of Azof : being a narrative of travels in the Crimea and bordering, Provinces; By H. D. Seymour, *London, J. Murray*, 1855, in-8, cuir de Russ. dent. tr. dor., fig. et cartes.

Très-bel exempl. Envoi autogr. de l'auteur à Mlle Rachel

851 — 234 La Russie en 1839, par le marquis de Custine. *Paris, Amyot*, 1843, 4 vol. in-8., maroq. n. *(Chiffre sur les plats).*

852 — 235 Russie, par Chopin. *Paris, F. Didot*, 1840, 2 vol. in-8, d. rel. maroq. r, nomb. figures.

853 — 236 Histoire de l'Empire de Russie, par Karamsin, trad. par MM. Saint-Thomas et Jauffret. *Paris*, 1819, 11 vol. in-8, d. rel., cartes.

854 — 237 Voyage pittoresque en Russie, par Ch. de Saint-Julien, suivi d'un Voyage en Sibérie, par Bourdier. *Paris*, 1854, gr. in-8 cart. toile, tr. dor., plaque en or, *figures.*

855 — 238 La Russie en 1830, par Adolphe Zando, trad. de l'allemand par l'auteur. *Paris, Bossange*, 1853, in-18, rel. en velours gren., doubl. de moire bl.

Envoi autogr. signé de l'auteur à Mademoiselle R.

856 — 239 Précis des notions historiques sur la formation du corps des lois Russes, trad. du russe. *Saint-Pétersbourg*, 1833, in-8, d.-rel.. maroq. rou.

857 — 240 La Pologne historique, littéraire, monumentale et illustrée, par Léonard Chodzko. *Paris*, 1843, gr. in-8. d.-rel. maroq., tr. dor., fig., portraits, cartes.

858 — 241 La Hongrie ancienne et moderne, histoire, art, littérature, monuments, par une société de littérateurs, sous la direction de J. Baldenyi. *Paris*, 1851, gr. in-8, dem.-rel. maroq. bleu, fil., tr. dor., *figures.*

859 — 252 Voyage du jeune Anarcharsis en Grèce, par l'abbé Barthélemy. *Paris, E. Ledoux*, 1822, 7 vol. in-8. maroq. gr. dent., tr. dor., figures. *(Chiffre).*

860 — 243 D'Athènes à Baalbek (1844), par Charles Reynaud. *Paris, Furne*, 1846, pet. in-8 maroq. r., tr. dor. (*Chiffre de Mademoiselle Rachel sur les plats*).

Envoi autogr. en vers à Mademoiselle Rachel.

861 — 244 Le Léman, ou Voyage pittoresque, historique et littéraire à Genève et dans le canton de Vaud, par Bailly de Lalonde. *Paris*, 1842, 2 vol. in-8, d.-rel., v. rose.

862 — 245 Album pintoresco de la Isla de Cuba. B. May y C^a in-4. obl. cart. en perc.

863 — 246 Album impérial d'Haïti, in-fol. obl. cart. en perc.

Envoi autogr. sig. à Mademoiselle R.

864 — 247 Une année dans le Levant (Sicile, Grèce, Turquie), par le vicomte Al. de Valon. *Paris*, 1850, in-8 br.

865 — 248 Chroniques Siennoises, traduites et précédées d'une introduction accomp. de notes par M. le duc de Dino. *Paris, L. Curmer*, 1846, gr. in-8 maroq. n. tr. dor., figures et *fac simile*.

Très-bel exemplaire auquel on a joint le dessin original du frontispice, par Liverati, ainsi que plusieurs portraits anciens gravés, François Ier, Henri II, Catherine de Médicis, Blaise de Montluc.

866 — 249 Atlas géographique et physique du royaume de la nouvelle Espagne, par Al. de Humboldt. *Paris*, 1812, in-fol. d.-rel.

BIOGRAPHIE.

867 — 250 Biographie universelle, ancienne et moderne. *Paris, Michaud*, 1811-49, 82 vol. in-8, maroq. n. (*rel. par Andrieux, chiffre sur les plats*).

868 — 251 Les Vies des hommes illustres de Plutarque, trad. du grec par Amyot. *Paris, Janet et Cotelle*, 1818, 13 vol. in-8, maroq. bleu, dent. tr. dor. (*Chiffre*).

869 — 252 Les Français peints par eux-mêmes, 5 vol. — Province, 2 vol. — Prisme, 1 vol. Eus, 8 vol. *Paris, L. Curmer*, 1840, maroq. gren. large dent., tr. dor., figures coloriées.

Le tome V est avec figures noires; la reliure non terminée.

870 — 253 Critiques et portraits littéraires, par C.-A. Sainte-Beuve. *Paris, E. Renduel,* 5 vol. in-8, d.-rel. maroq. vert.

871 — 254 Portraits littéraires, par Gustave Planche. *Paris*, 1836, 2 vol. in-8, d.-rem. mar. r.

872 — 255 Madame de Chevreuse, par Victor Cousin. *Paris*, 1856, in-8. br. Portrait.

873 — 256 Mes Loisirs en Italie; Etudes sur trois femmes célèbres du XVIe siècle, par Madame Albéric de Lamaze. *Florence et Paris*, 1848.

Superbe exempl. relié par Nicolci, en maroq. bl, à mosaïque, doublé de maroq. rose, dent., gardes en moire. Envoi *A Rachel*, sur le plat.

874 — 257 Voltaire et Rousseau, par lord Brougham. *Paris, Amyot,* 1845, in-8, v. fauv., fil., tr. dor. *(Jolie rel. anglaise).* Portrait.

875 — 258 Histoire de Philippe-Auguste, par M. Capefigue. *Paris,* 1842, 2 vol. in-18, maroq. n. *(Chiffre sur les plats.)*

876 — 259 Histoire d'Alexandre-le-Grand, par Quinte-Curce, trad. nouvelle, par Aug. et Alph. Trognon. *Paris, Panckouche,* 1834, 3 vol. in-8, maroq. n. *(Andrieux). Chiffre R. sur les plats.*

877 — 260 Oraisons funèbres de Bossuet, évêque de Meaux. *Paris, P. Didot*, 1814, in-8, mar. noir, fil. gauf. *papier vélin. (Chiffre sur les plats).*

878 — 261 Histoire de Charles XII, roi de Suède, par Voltaire. *Paris, Dufour*, 1827, maroq. v., tr. dor. *(de la coll. des classiques en miniature).*

DICTIONNAIRES.

879 — 262 Dictionnaire de la conversation et de la lecture. *Paris, Belin-Mandar*, 1832-38, 52 vol. gr. in-8, d.-rel. maroq. n.

880 — 263 Dictionnaire universel d'Histoire et de Géographie, par Bouillet (8e éd.). *Paris, Hachette*, 1851, gr. in-8, d.-rel.

881 — 264 Dictionnaire universel de géographie physique, historique, politique, etc., par Mac-Carthy. *Paris*, 1844, 2 vol. in-8. d.-rel. maroq. bleu. *Carte.*

882 — 265 Abrégé de Géographie, rédigé sur un nouveau plan, par A. Balbi. *Paris*, 1847, in-8, d.-rel. maroq. bleu. *Cartes.*

883 — 266 Dictionnaire universel d'Histoire naturelle publié sous la direction de M. Ch. d'Orbigny. *Paris*, 1847, 13 vol. gr. in-8, de texte et 3 vol. d'atlas *(figures coloriées)*, d.-rel. maroq. n.

884 — 67 Dictionnaire c la ssique de l'antiquité sacrée et profane, par N. Bouillet. *Paris*, 1828, 2. vol. in-8 rel.

885 — 268 Dictionnaire de l'Académie Française (6e édition). *Paris, Didot*, 3 vol. in-4, d.-rel. maroq.

886 — 269 Dictionnaire universel de la langue française, avec le latin et l'étimologie, par Boiste, 12e éd. revue, par Ch. Nodier et Louis Barré. *Paris, Didot*, 1847, 2 vol. in-4, d.-rel. maroq. bl.

887 — 270 Dictionnaire anglais-français et français-anglais, par Boyer, Chambaud, etc., nouv. édition. *Paris*, 1829, 2 vol. in-4, d.-rel. v. viol.

888 — 271 Dictionnaire des langues française et allemande, par Henschel. *Paris*, 1842, 2 vol. in-8, v. rac.

889 — 272 Nouveau Dictionnaire de poche français-allemand et allemand-français, par A. Thibaut. *Paris*, 1838, in-8, v. rac.

OUVRAGES A GRAVURES.

HISTOIRE DE L'ART. — ALBUMS, ETC.

890 — 273 Histoire des Peintres de toutes les écoles, depuis la renaissance jusqu'à nos jours, par Charles Blanc. *Paris, Renouard*, 209 livraisons, gr. in-4, nombreuses pl. et fig. gravées.

891 — 274 Histoire de la Peinture flamande et hollandaise, par Arsène Houssaye. *Paris, Hetzel*, 1847, in-fol. d.-rel. maroq. rou. n. rog. 100 magnifiques planches gravées sur chine.

892 — 275 Le Moyen-Age et la Renaissance, histoire et description des mœurs et usages, du commerce et de l'industrie, des sciences, des arts, des littératures et des beaux-arts en Europe, publié par Paul Lacroix et Ferdinand Seré. *Paris*, 1848, 5 vol. in-4, d.-rel. maroq. vert, du Levant, dos et coins, doré en t. n. rog., nombreuses figures gravées et en couleurs.

893 — 276 Galerie Aguado, choix des principaux tableaux de la galerie de M. le marquis de Las Marismas del Guadalquivir, par Gavard. *Paris*, 1839, 7 livr. gr. in-fol., très-belle planches gravées.

894 — 277 Psyché. Texte français et russe. *Saint-Pétersbourg*, 1830, gr. in-fol. rel., 62 pl. gravées au burin par le comte Tolstoy.

895 — 278 Marines dessinées au lavis, par Th. Gudin, 7 p. in-fol. épr. s. chine, av. la lettre.

896 — 279 Vues maritimes et pittoresques dessinées sur pierre par Th. Gudin. 11 pl. in-fol. av. la lettre.

897 — 280 Costumes russes, en partie au XVIIe siècle. Imprimés en couleur, 9 feuilles in-fol.

898 — 281 Costumes russes à différentes époques, 14 feuilles à l'aquarelle, in-fol.

899 — 282 Sujets chinois (six), peints sur des feuilles de lilas de Chine, gommées *(fleurs et personnages)*.

900 — 283 Album de 12 jolis dessins chinois, sur papier de riz mandarins, artisans, fleurs, fruits, oiseaux, papillons.

Ces dessins, de la plus grande finesse, sont montés sur onglets dans un portefeuille en crêpe de Chine.

901 — 284 Deux charmants dessins chinois sur papier de riz, sujets d'intérieur avec personnages.

902 — 285 Album, par Gavarni. (Les Débardeurs), pet. in-fol. d.-rel.

903 — 286 Rural Essays; by A. J. Downing. *New-Yorck*, *Putnam*, 1853, in-8. cart. en parc., gauff., portr. et figures.

904 — 287 De l'Equitation et des Haras, par le comte Savary de Lancosme-Brèves; dessins par Giraud, gravés par Gagnon. *Paris,* Ledoyen. 1843, in-4, d. rel.

---

905 — 288 VIRGILII opera. *Parisiis, execud. Didot, natu major,* 1798, gr. in-fol. pap. vélin, figures d'après Gérard et Girodet. (*Tiré à 250 exemplaires, n° 148.*)

HORATII opera. *Execud. Petr. Didot, natu major,* 1799. (Tiré à 250 exempl., n° 33.)

DAPHNIS ET CHLOÉ (texte grec), figures d'après Prud'hon et Gérard. (Tiré à 27 exempl., n° 6.)

RACINE (OEuvres de). *Paris, de l'imp. de P. Didot l'aîné,* 1801, 3 vol., figures d'après Taunai, Girodet, Chaudet, etc. (Tiré à 250 exempl., n° 90.)

LA FONTAINE. Fables, *Paris, P. Didot l'aîné,* 1802, 2 vol., vignettes de Percier. (Tiré à 250 exempl., n° 80.)

BOILEAU (OEuvres de). *Paris, Didot l'aîné,* 2 vol., 9 vignettes. (Tiré à 125 exempl., n° 19.)

VOLTAIRE (la Henriade). *Paris, Didot.* (Tiré à 125 exempl., n° 20).

Cette magnifique collection, grand in-fol., papier vélin, est en reliure uniforme, d.-rel. maroq. bl. Vrai chef-d'œuvre typographique.

SUCCESSION DE MLLE RACHEL.

CATALOGUE

DU

MOBILIER

DÉPENDANT DE LA SUCCESSION

DE

MLLE RACHEL,

DONT LA VENTE AUX ENCHÈRES PUBLIQUES

AURA LIEU, A PARIS,

PLACE ROYALE, N° 9,

Les Mercredi 28 et Jeudi 29 Avril 1858

A MIDI.

Par le ministère de Me **HAYAUX DU TILLY**, Commissaire-Priseur, demeurant à Paris, rue du Bac, 26, et rue de l'Université, 46, près des Tuileries.

LE CATALOGUE SE TROUVE, A PARIS, CHEZ :

Me **HAVAUX DU TILLY**, Commissaire-Priseur, 26, rue du Bac.
Me **LE MONNYER**, Notaire, rue de Grammont, 16.
Me **DELAPORTE**, Notaire, rue de la Chaussée-d'Antin, 68.

CONDITIONS DE LA VENTE

La vente se fera expressément au comptant.

Les acquéreurs paieront cinq pour cent en sus des adjudications.

SUCCESSION DE MLLE RACHEL

MOBILIER

Salon d'attente.

906 — 1 Deux coffres à bois, sculptés.

907 — 2 Un fauteuil, quatre chaises et deux tabourets en chêne, recouverts en moquette.

908 — 3 Jardinière en bambou.

909 — 4 Table en chêne à pieds torses.

910 — 5 Tapis de table en moquette.

911 — 6 Paravent à six feuilles, tendu en laine.

912 — 7 Pendule en marbre noir.

913 — 8 Bureau de dame en acajou.

Salle à manger

914 — 9 Grand tapis d'appartement.

915 — 10 Quatorze chaises en chêne, recouvertes en basane verte.

916 — 11 Table à rallonges en chêne, à pied de guéridon, avec jet d'eau.

917 — 12 Deux buffets en chêne avec sculptures.

918 — 13 Grande armoire à argenterie avec sculptures.

919 — 14 Glace dans son cadre doré.

920 — 15 Glace dans son cadre doré.

921 — 16 Tapis en velours et tapisserie.

922 — 17 Grand tapis d'appartement.

923 — 18 Rideaux de croisées en reps broché laine et soie.

924 — 19 Environ vingt mètres en pièce d'étoffe pareille aux rideaux, et passementerie.

Salon.

925 — 20 Deux grands fauteuils sculptés, recouverts en tapisserie à la main, de Bruxelles.

926 — 21 Quatre fauteuils, deux chaises en bois noir cablé, recouverts en tapisserie à la main, de Bruxelles.

927 — 22 Fauteuil recouvert d'étoffe de soie blanche tissée or, et ayant servi dans *Adrienne Lecouvreur*.

928 — 23 Fauteuil en palissandre recouvert en tapisserie.

929 — 24 Deux tête-à-tête, quatre fauteuils dont un forme chaise longue, recouverts en soie cerise.

930 — 25 Cinq paires de grands rideaux de croisées et de portières en soie cerise.

931 — 26 Quatre chaises volantes en bois doré.

932 — 27 Table de lit en palissandre.

933 — 28 Écran de cheminée garni en tapisserie.

934 — 29 Secrétaire en bois de rose et marqueterie.

935 — 30 Cinq paires de rideaux de soie, blancs brochés.

936 — 31 Cinq galeries en bois doré et sculpté.

937 — 32 Grand tapis d'appartement.

938 — 33 Table carrée en palissandre,

939 — 34 Pouf avec chiffre.

940 — 35 Coussins brodés.

941 — 36 Chaise basse en tapisserie.

Chambre à coucher.

942 — 37 Toilette en marbre blanc.

943 — 38 Armoire à glace à trois panneaux en chêne.

944 — 39 Lit à colonnes en chêne.

945 — 40 Literie et objets divers.

946 — 41 Chaise longue.

947 — 42 Deux fauteuils recouverts en damas bleu.

948 — 43 Lit de repos.

949 — 44 Rideaux de croisées et de lit en damas bleu.

950 — 45 Grand tapis d'appartement.

951 — 46 Coffre à bois.

952 — 47 Quantité d'autres objets qui n'ont pas été catalogués.

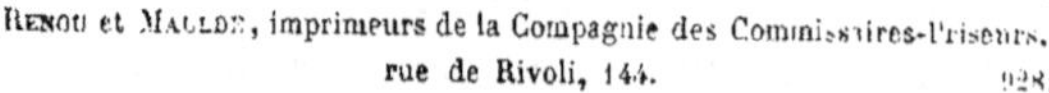

Renou et Maulde, imprimeurs de la Compagnie des Commissaires-Priseurs, rue de Rivoli, 144. 9282

RENOU & MAULDE

Imprimeurs de la compagnie des Commissaires-Priseurs

Rue de Rivoli, 144

www.ingramcontent.com/pod-product-compliance
Lightning Source LLC
LaVergne TN
LVHW020034170826
845678LV00001B/253

* 9 7 8 2 3 2 9 6 9 7 5 1 2 *